王春瑜
WANG CHUN YU
文史精华
WENSHIJINGHUA

· 王春瑜文史精华 ·

续封神

王春瑜 著

📖 海天出版社

· 深圳 ·

图书在版编目（CIP）数据

续封神 / 王春瑜著. — 深圳：海天出版社，
2019.4
（王春瑜文史精华）
ISBN 978-7-5507-2599-7

Ⅰ.①续… Ⅱ.①王… Ⅲ.①杂文集－中国－当代②
随笔－作品集－中国－当代 Ⅳ.①I267.1

中国版本图书馆CIP数据核字(2019)第019661号

续 封 神
XU FENG SHEN

出 品 人　聂雄前
出版策划　于志斌
责任编辑　韩海彬
责任技编　梁立新
责任校对　万妮霞
装帧设计　龙瀚文化

出版发行　海天出版社
地　　址　深圳市彩田南路海天综合大厦（518033）
网　　址　www.htph.com.cn
订购电话　0755-83460397（批发）0755-83460239（邮购）
排版制作　深圳市龙瀚文化传播有限公司　0755-33133493
印　　刷　深圳市新联美术印刷有限公司
开　　本　787mm×1092mm　1/32
印　　张　7.5
字　　数　144千
版　　次　2019年4月第1版
印　　次　2019年4月第1次
定　　价　40.00元

王春瑜漫画像　丁聪画

王春瑜漫画像　叶春旸画

陆放翁有诗曰："勿言牛老行苦迟，我今八十耕犹力。"读此诗，我感到特别亲切。我属牛，今年刚好八十。童年乡居，曾与牛同居一屋（敝乡直呼牛屋），深夜，老牛之叹息声，令我心酸。一九五八年，大刮"共产风"，邻村一位生产队长，仅付五元所谓解绳费，即将牛牵走。家母长叹一声，对牛说：老牛，从此你不姓王，姓公了！老牛听了，顿时泪如雨下，家母连连叹息，家父赶忙又喂了老牛一些草料，才只好与它依依惜别。我珍视、眷恋老牛，颜书斋曰老牛堂，遂请王元化前辈书匾，悬于书房，朝夕相对。时时告诫自己，毋忘老牛之朴实、韧性精神，耕耘不止。

感谢深圳海天出版社，将不才四本旧作《续封神》《漂泊古今天地间》《看了明朝就明白》《新世说》重印。这四本书，与我的其他书一样，都是我在老牛堂辛勤耕耘的结果。今后，我当继续耕耘，与读者共享"稻花香里说丰年"的喜悦。

2017年中秋节后第三天
于老牛堂

童年时读《封神榜》，觉得热闹、有趣；及长重读，觉得荒诞无稽，翻阅数回即止；最近老来重读，顿悟事实上人间在不断变相封神，古虽有之，于今为烈，方知《封神演义》演不完，与大浪淘沙淘不尽一样，乃国人之悲哀也，足见《封神榜》有大寓意存焉。神有两种：一为血食一方，让人顶礼膜拜；二为虽不受香火，却神乎其神，俨然是菩萨一尊。且第二种神，除被他人所封外，居然亦有自封者。聊举数例：梁启超、王国维、陈寅恪、胡适皆国学大师也，备受学人景仰。岂料近年来，国学大师竟然有雨后春笋之势，某出版社一口气已封二十余位，且将续封，令文苑瞠目，如许国学大师驾祥云而来，莫非天有漏洞乎？又如，某地将某人封为"明史学界最高权威"，"权威"而又"最高"，莫非欲将其胡扯变成"最高"指示乎？显然，此乃徒增笑柄而已。再如，某研究所领导班子，近日摇身一变，除一人向隅外，余均成了博士生导师，自封之速度，何其惊人也！正是：

莫道《封神》化烟尘，人间至今犹封神；

阿猫阿狗登仙班，死活不做老实人！

1997年4月30日下午于老牛堂

（原载《文汇读书周报》1997年5月6日）

·目录·

贰 反贪诗话 / 085

·壹·

牛屋锻剑

以牛魔王为戒

从中国政治史来看，历代政治家最感头痛的问题，恐怕莫过于裁减冗员。在以皇权为主事的封建官僚政治体制下，"一人得道，鸡犬升天"，政治后门无所不在，固不待言。更重要的是，既然国家是以人治为本，随着国家机器的日益庞大，官员的数量日益膨胀，相逢尽道做官去，也就必然成为难以根除的积弊。历代裁减冗员，反反复复，去了又来了，成了历史的悲哀与无奈。

也许是历史阴影使然，积重难返，从十一届三中全会以来，全国性的机构改革，包括最近正在推行的这一次在内，已进行了三次。前两次机构改革的结果，政府机构不但未减少，反而更多了，冗员增加的数量，更到了令人吃惊的地步。80年代初，笔者去南方考察地方志编撰情况，"位卑未敢忘忧国"，在所经省、市、县，顺便了解下机构改革情况，结果深感失望，某县砍掉了一个局，却又冒出了几个局一级的公司；某剧场免去了五个副经理，不久他们即到新成立的演出公司去当正、副经理，并又分别任免了好几个股长；至于

"忽如一夜春风来"般冒出来的这个委、那个办,让人目不暇接;更妙的是,有些新设机构,只叫××指导小组或领导小组,似乎貌不惊人,小焉矣哉,但一打听,竟是处级或正厅局级建制,有办公室,有轿车,有秘书……威风八面,可想而知。这不禁使人想起《西游记》里的神话故事:孙悟空及天兵天将,围攻牛魔王,砍下他的头,结果却长出了好几颗头来,真是咄咄怪事!最后,幸亏哪吒把风火轮挂在牛魔王的角上,烧得他魂飞魄散,才被制服。

愿这一次机构改革,以牛魔王为戒,决不让他又冒出几个头来。改革机构,首先必须改革机制,建立或完善相应的法律,这才是机构改革成功的保障。对比之下,区区风火轮又何足道哉!

(原载《中华英才》1997年第12期)

杞人忧口

回想第一次在动物园见到狮子打哈欠，张开血盆大口，委实吃了一惊：大哉，狮子之嘴巴也！无怪乎民间口语中，把张口漫天要价者，及口出大言者，称为"狮子大开口"。我曾翻检一些工具书，想看看"狮子大开口"一词，最早见于何书，尚无结果。好在这一点无关宏旨，留待闲来无事时，尾随新国学大师们身后，在故纸堆里去慢慢寻寻觅觅，但有一点我敢肯定，"狮子大开口"古虽有之，而于今为烈。

1996年有客来访，闲聊一阵后，他正色道："爬格子太辛苦！何不与出版社合作，弄些书号来，雇几个枪手炒书，我不敢往多里说，一年下来，你我弄个百把万分分，有何难哉？"我少见多怪，闻此言，不禁一愣：这还是"不敢往多里说"，倘若"敢往多里说"呢？恐怕就是十位数了！我虽非贫困户，但也非富得流油者，何尝不想发财？但"弄个百把万分分"，纵有此心，亦无此胆；纵有此胆，亦无此术。结果只能是一个：继续在寒斋"老牛堂"墨耕，也就是爬格子依旧。

近日又遇一事。家兄告诉我：他主持的国家计委某机构，想搞纪念活动，有某刊找上门来，说可出专刊，一问价钱，答曰："不贵，三十五万。"家兄也许与我一样是少见多怪，大吃一惊道："我们机关全部工作人员一年的开销，也不到三十五万。"他当场谢绝这位口称"不贵"者的好意。

这决非个别现象。在商品经济大潮的滚滚巨浪面前，有不少人目迷五色，头晕眼花，一心想旦夕之间摇身一变，成为一掷千金的巨富。这些人心越来越贪，胃口越来越大，难怪动不动就"狮子大开口"了！

昔有"杞人忧天"，担心天会塌下来。如果这位杞人生活在当今之世，恐怕会"杞人忧口"；担忧某些人的口越张越大，会不会真的变成"狮口"，成了"人身狮面"，岂不"吓煞人也么哥"？！

（原载《中华英才》1997年第2期）

警惕重蹈"大破局"

历代贪官的贪婪胲刻、残民以逞，有时简直出乎人们的想象。据《五代史补》记载，五代时赵在礼在宋州做官，贪暴至极。后调往他处，百姓互相庆贺，说："拔掉眼中钉了！"消息传到赵在礼耳朵里，他大怒，走后门，仍调回宋州，每岁户口，不论主客，都征钱一千，名曰"拔钉钱"。如此疯狂报复，宋州父老告状无门，只好忍气吞声，苦不堪言。这是赤裸裸的贪官。另一种贪官，虽也心狠手辣，却一脸正经，似乎一尘不染，但实际上，正如明朝的诗歌所形容的那样，"飞来疑似鹤，下处却寻鱼"。此类贪官，比前者更让人恶心。

但是，切莫以为，只有贪官才贪污。以明代著名改革家、曾任内阁首辅的张居正为例，他病死后，政局迅速逆转，京中府第、江陵老家，均被抄出大量财宝，折价约合银十九万五千八百四十两，另有良田八万余顷，大片房舍。而按当时的薪俸标准，他做官二十年的薪金，折银不过两万余两。显然，若非贪污受贿，岂能有如许家财？一代名相尚如此,其余众官又何庸言?而"豺狼当道,安问狐狸",横行天下、多如牛毛的胥吏,用明清之际的思想家、大学者顾炎武的话说,明朝的百万胥吏,皆虎狼也。其余可想而知。

倘若认为贪官是天生劣种,将之归于恶人之类就算完事,则显属皮相之谈。为什么历史上贪官不绝如缕,成了打不尽的豺狼?王亚南先生曾指出:"以地主经济为基础的专制官僚统治,一定要造出官、商、高利贷者与地主的'四位一体'场面,又一定要造出集权的或官营的经济形态……使社会经济导向孟轲所预言到的'上下交征利,而国危矣'的大破局。中国历史是不止一次经历了这种大破局的。"(王亚南:《中国官僚政治研究·士宦的政治生活与经济生活》)如何避免重蹈历史上"大破局"的覆辙?看来,大力推行政治改革,有效地铲除孳生贪官的土壤,是其时矣!

(原载《北京观察》1998年试刊第1期)

墨葬

　　古往今来，人死了，有土葬、火葬、水葬、天葬、食葬、悬棺葬等等。若论神秘莫测，当推悬棺葬：在遥远的古代，不知用何种妙法，把棺材送往"高处不胜寒"的悬崖峭壁洞穴中？今夏游三峡，我仰望云际古代巴蜀人悬棺穴，百思不得其解。若论残忍，该数非洲原始部落"食人生番"的食葬：人死了，他们干脆将死者吃掉，这是文明社会万万不能容忍的。至于天葬，事涉宗教信仰，局外人不便置评，不说也罢。

　　但是，君知否？还有更让人触目惊心的墨葬！它对人的践踏、文化的摧残、精神的扭曲，是任何一种葬法望尘莫及的。

　　长夏苦热，重读已故历史学家陈登原教授的名著《古今典籍聚散考》，读到其中的第七章《四库全书馆与禁书运动》、第八章《抽毁与篡改》，心头悲凉无已。在文字狱的黑网中，有多少典籍被抽毁、篡改！作者慨乎言之："吾人若知四库修书时摧残典籍之状，则知其言之非无所知，而益叹独夫民贼之所以戕贼文化者，盖无所不用其极。而所谓《四库全书》者，在辑集古书以外，且为艺林制一浩劫矣。其所禁者，则散焉佚焉：其所取者，则残焉讹焉；郅治修文，其效可睹矣。"事实上，修《四库全书》对文化的浩劫，学者是有目共睹的。此前，史学大师顾颉刚先生在《四部正讹》的序文中，一针见血地指出："我常觉得影印《四库全书》，是件极蠢笨的举动；徒然使得世界上平添了许多错误的书，实非今日学术界所应许。"而稍后，鲁迅先生更在名文《买〈小学大全〉记》《病后杂谈之余》中，尖锐地抨击《四库全书》大量删改书籍："文苑中实在没有不被蹂躏的处所了"，"纂修四库全书而古书亡"。近日杂文家陈四益作长文《〈四库〉四记》，其中《删书记酷》，我以为这个"酷"字，实在是可圈可点。应当看到，有相当一部分书，被删改得面目全非——而且不露痕迹，可以说名存实亡，比毁尸灭迹式的焚书，也许更糟。对于这些遭殃的书及其作者来说，他们是被彻底埋葬了，但埋葬的工具，不是水，不是火，也不是悬棺、苍鹰，而是乾隆皇帝及馆臣的笔。说得更直白一点，是被墨葬了！

当然，这样的墨葬，并非前无古人，后无来者。即以明初为例，朱棣夺权成功后，为在思想文化上剪除异己，大兴文字狱，不但查禁政敌方孝孺的诗文，连他人诗文集中，凡提到方孝孺名字的，"皆用墨涂乙"（《明诗纪事》卷七）。其他建文帝的殉难诸臣，也概莫例外。但平心而论，无论是明代还是其他王朝，就墨葬的规格、严重后果而论，比起乾隆时修的《四库全书》，真是小巫见大巫了！

至于来者，最堪注意的，无疑是"文化大革命"。"殷鉴未远"，我们是记忆犹新的。由《炮打司令部——我的一张大字报》进一步在全国掀起打倒一切的大字报狂潮，花费了多少纸张、墨汁？又有多少人的名字在大字报上被打上红叉后横遭迫害、凌辱，被活活整死？被黑浪滚滚的大字报所埋葬的受害者，恐怕当代及后世史家绞尽脑汁也难以考证出精确数字。但有一点应当是肯定的：横扫神州大地的墨葬，论其规模及严重后果，确实是"史无前例"的！

如此空前的墨葬，是否一定绝后？理应如此。但是，前提之一，是我们及后代子孙，必须牢记古今墨葬的历史教训。每念及此，不才难免心有戚戚焉。修《四库全书》时的凶残歹毒，现在不是已被某些人——有的还有金光闪闪、而且越来越耀眼的头衔，轻描淡写，化为晓风残月吗？而且居然连《四库全书》的光盘也有了！去问问中学生甚至大学生，"文化大革命"是什么？很多人恐怕只能茫然以对。"一朝被蛇咬，十年怕草绳。"我在"文化大革命"中期，曾被"打倒""彻底批倒批臭，让他永世不得翻身"之类的铺天盖地般的大字报，墨葬达七年之久。

我诅咒墨葬。人们，请记住历史！

（原载《中国文化报》1998年8月15日）

错觉的悲哀

世界杯足球赛鏖战正急。这两年，不时从媒体上传来感觉极好的喇叭声声："亚洲足球正在崛起""太极虎所向无敌""日本球队有能力与世界劲旅决一雌雄"等等，很多人的耳朵都听得痒痒的，心花随之怒放。然而，曾几何时，人到巴黎心就花，踢了几场全回家——我指的是亚洲足球队，很快在世界杯足球赛上都成了鱼腩之师，全军覆没！有位评论者深刻地指出："错觉使亚洲球队过高地估计了自己。亚洲人看自己的足球就像看自己的儿子一样，怎么看怎么好。"可不是嘛，韩国队、日本队、沙特队，刚刚学会走路，就要立刻狂跑，与荷兰、阿根廷、克罗地亚队大打攻势足球，结果只能是"关公面前舞大刀"，丢人现眼，败个"流水落花春去也"，让亚洲球迷捶胸顿足。这是何等的悲哀！但也不过是错觉的悲哀。

其实，亚洲人——特别是国人，莫大的错觉，又岂是仅仅表现在足球上？有很多人——包括笔者在内，曾经陶醉在以"四小龙"为代表的亚洲经济腾飞的美梦中，以为彩云追月，不久将超过月亮；然而，"黑云压城城欲摧"的亚洲金融风暴，终于使我们看到了泡沫经济的虚幻性，现在正为之大吃苦头。更有甚者，曾记否：脖子上套有种种大师花环者出来宣称：下个世纪，西方文化将全面衰落，以儒学为代表的东方文化，将领导世界文化，也就是"西方不亮东方亮"……

——这是多么激动人心的预言呵！但我敢断言：这肯定是错觉。不需要到下个世纪再看分晓，这次世界杯足球赛，事实上已经下了结论：喇叭声咽，残阳如血。

（原载《生活时报》1998年7月9日）

谁说没有"蒙汗药"

不久前,有人著《现代蒙汗药的闹剧》一文,断言旧小说里描写的蒙汗药乃子虚乌有,"小说总归是小说,不必当真",并进而抨击:"其实,蒙汗药乃至超级蒙汗药,自古至今一直是有的,愚昧和迷信就是。"说真的,我对作者如此缺乏文史常识,结论却又这样轻率、武断,未免吃惊。

《水浒传》等旧小说描写的蒙汗药,是真是假,特别是用什么原料制成、其解药又是什么?早已引起国内外史学界、古典文学界、医学界的重视。英国已故中国科技史专家李约瑟博士、上海著名科技史学者胡道静先生、美国夏威夷大学中文系教授马幼垣博士等,都很重视这一课题的研究。马幼垣在1978年冬发表《小说里的蒙汗药和英雄形象》论文(后收入其在台湾出版的《中国小说史集稿》),这是继50年代初出版的上海已故学者何心(陆澹安)著《水浒研究》后,对小说中蒙汗药的较系统的探讨。我虽不学,1977年冬,曾在上海与胡道静老学长讨论蒙汗药的内容并受其鼓励,我把我的研究结果,先后写成《蒙汗药之谜》

《蒙汗药续考》《蒙汗药与武侠小说》并在中华书局的《学林漫录》及台湾《中国文化月刊》上发表。事实上，蒙汗药的存在是千真万确的。

明朝中叶，学者郎瑛即在《七修类稿》中指出："《桂海虞衡志》载，曼陀罗花，盗采花为末，置人饮食中，即皆醉也。据是，则蒙汗药非妄。"《桂海虞衡志》是南宋范成大所著，但今本无此条，也许郎瑛别有所据。不过，早在北宋，大史学家司马光在《涑水记闻》中即记载湖南转运副使杜杞用诡计诱骗造反的少数民族，"设宴，饮以曼陀罗酒，昏醉，尽杀之，凡数千人"。于此不难看出宋代从官府到民间，已经是使用蒙汗药成风。那么，记载绿林豪客用曼陀罗花药人的史学家又是谁呢？当属南宋的周去非。他在《岭外代答》卷八中写道："广西曼陀罗花，遍生原野。大叶百花，结实如茄子，而遍生小刺，乃药人草也。盗贼采干而末之，以置人饮食，使之醉闷，则挈箧而趋。"你看，盗贼将曼陀罗花末偷偷地放在人家的饮食中，让他吃后昏迷不醒，便将他的箱子拎走了！这就进一步证明，令人感到扑朔迷离的蒙汗药，确实是用曼陀罗花制成的。南宋建炎年间窦材在名著《扁鹊心书》中论及"睡昏散"这种药方时，即已明确记载说："山茄花（按：曼陀罗花的别称）、火麻花共为末，每服三钱，小儿只一钱，一服后即昏睡。"可见至迟在南宋，用曼陀罗花作为麻醉药，已普遍应用于外伤等各科，曼陀罗花的麻醉性能，是尽人皆知的了。

蒙汗药的解药是什么呢？《广西志》及《本草纲目》卷四"诸毒"条中，都说用"冷水""喷面，乃解"，但这不过是权宜之计，决非有效之法。从明清之际大学者方以智著《物理小识》卷十二记载的一个用蒙汗药麻醉人的强盗口供中可知，"蓝汁（按：即靛）可解"。这里还应指出，70年代，江苏、浙江、上海、西藏等地研究中药麻醉的大夫，根据《水浒传》的线索（按：当时胡道静、何心等学者均被打倒，无人介入其事），经反复试验，终于发现蒙汗药的主要成分，正是曼陀罗，徐州医学院并据以制成麻醉药，给病人治病；1972年，医学界又人工合成毒扁豆碱（又称依色林，Eserine），作为现代蒙汗药——以曼陀罗花为主要成分的中药麻醉手术后的清醒剂，也就是解药。

还必须特别指出的是，黑社会自有其"历史悠久"、秘密传承的江湖传统。事实上，古往今来，盗贼用蒙汗药劫财甚至杀人越货的勾当，从未断绝。20世纪80年代以来，此类案件更有抬头趋势，报刊时有披露，这决非海外奇谈，或小说家言，而是常常散发着血腥气的事实。我们岂能视而不见！

由此看来，听风就是雨，唯恐趋之不快，不做任何研究，就宣称"现代蒙汗药的闹剧"者，其实自己何尝又不是在演出闹剧？所引的"别笑，笑你自己！"倒是不幸而引中了！

（原载香港《大公报》1999年8月5日、《中国文化报》1999年8月19日）

学者与文人

　　最近，蜚声国内外的著名学者钱锺书先生逝世，文坛、学苑，无不震悼。我不禁想起一件小事：80年代初，亡友杨廷福教授因参加《大唐西域记》校注，客居中华书局期间，曾去干面胡同，登门拜访钱锺书先生。廷福1957年被错划为右派，在学术界消失多年，锺书先生对他不熟悉。故交谈不久，锺书先生即正色道："我跟你不一样。你是文人，我是学者。"廷福兄闻之一愣，因为他深知，清初朴学大师、思想家顾炎武曾经说过："一旦号为文人无足观矣。"但廷福毕竟是十八岁即跻身学界，故能处变不惊。他专门与锺书先生谈宋诗，并委婉指出其名著《宋诗选注》中的几处失误。锺书先生渐感眼前坐着的来客，不是文人，而是博览群书、学养深厚的学者，忙问："不知先生从谁治学？"廷福微笑答道："不才是子泉公的门人。"子泉是锺书先生之父钱基博先生的字，曾任无锡国学专修学校校务主任，是著名的古文学家、学者。廷福曾负笈无锡国专，听过基博先生的课，并多次问学。至此，锺书先生再不将廷福目为文人，彼此论学，甚为相投。事实上，廷福对唐律、玄奘的研究，具有很高的学术水平，有些著作被公认为传世之作。惜英才不永，于1984年病故。周谷城师去诀别时，挥泪叹曰："他是少见的天才。"

如今，钱锺书先生也已作古。回想十八年前，他曾因误解，不经意间将杨廷福教授目为文人，可见在他的心目中，是严守学者与文人的界限的。一个真正的学者，意味着淡泊名利、甘于寂寞、刻苦钻研、学风谨严、下笔郑重、著书存世。事实上，锺书先生正是这样的学界楷模。而反观时下，不求甚解、轻薄为文的文人，又何其多也：更让人忧心的是，某些学者小有成就，便彻底文人化，浮光掠影，追名逐利。由此看来，关键还是两个字：学风！

（原载《中华英才》1998年第21期）

重读救荒史

　　在抗洪斗争取得全面胜利的凯歌声中，北京出版社重新出版了邓拓在1937年用邓云特笔名出版的名著《中国救荒史》。我在1960年曾经带着对现实问题的种种困惑，认真阅读此书。今日重读，不禁感慨万千。1960年，正是"三年经济困难"期间。这年的夏天、冬天，我分别去了建湖县水乡和无锡郊区探亲。两地虽然有苏北、苏南之别，但都是盛产水稻的鱼米之乡，河流密如蛛网，既未旱，也未涝。但是，瘟疫一般蔓延的"共产风"，先是在"吃饭不要钱"的口号下，一些农民放开肚皮吃饭；接着，是农民的生产积极性被严重挫伤，不肯下地插秧，甚至后来发展到不肯收割，而在夜晚，偷割成风。做饭时，柴草不够烧，便继续砍树木，饥饿无情地煎熬着千家万户。灾荒越来越重。但是，到底什么叫灾荒？邓拓在《中国救荒史》的"绪言"中，非常明确地下了这样的定义："灾荒基本上是由于人和人的社会关系的失调而引起的人对于自然条件控制的失败所招致的社会物质生活上的损害和破坏。"这个定义，是科学总结中国历代灾害史的结果，发人深思。当时，我在一些场合，曾介绍邓拓的定义，并认为，当时已很严重的灾害，基本上是1958年"大跃进"以来，人与人关系失调引起人与自然关系失调的结果。不料后来被人揭发，列为右倾言论，"文化大革命"中更升级为"三反"言论，是什么"黑帮分子邓拓的吹鼓手"。所幸噩梦早已过去，邓拓的这部书又重新出版，科学的理性之光，是不会消失的。

更应特别指出的是，邓拓的救荒史，以及他在书中对灾害下的定义，今天仍然对我们富有启迪，具有现实意义。在滚滚而来的商品经济大潮面前，如果人们仍然只顾眼前利益，盲目围垦造田，让"八百里洞庭湖"水面越来越小，继续破坏长江、黄河等大泽巨浸的植被，导致人与自然关系的严重失调，那么，滚滚洪魔肯定还会重来肆虐！愿有更多的人从邓拓书中有所悟。

（原载《中华英才》1998年第21期）

只准活人放火？

"只许州官放火，不许百姓点灯"，这是南宋昏官田登的笑柄，为世人所熟知。也许是田登青磷常不灭，夜夜扰燕台，古老的幽魂竟衍化为一种"新奇特"的文化现象：只准活人放火，不许死者点灯。这是我近来从一件小事上悟出来的"鲁（愚鲁之鲁）殿灵光"。

小事原委：与我"穿一条裤子"的金生叹先生，前些时写了一篇短文《毁人不倦》，不点名地批评了某文史小贩，前两年跟在余英时的屁股后面鹦鹉学舌，在报刊上诽谤郭沫若的《十批判书》剽窃钱穆的《诸子系年》，遭到史学界严正的据实驳斥后，余英时至今未能写出一个字的反批评，正如俗语所说，毕竟"撒谎的人腿短"，更何况区区文史小贩者流。但此人居然不同侪辈：不仅在南方某电视台的节目中，继续造郭沫若剽窃钱穆的谣，又在南方某报上刊出短文《难以澄清的谜团》，说"文化大革命"中中国科学院院长，得知冯家昇教授"写过一篇研究李白身世的论文"，"派人取走之后，却署上自己的大名发表了"。虽然，他说这是听冯家昇已经八十七岁的夫人说的，但强调"我相信她说的事不是空穴来风"。这里，姑且不论冯家昇夫人当时与他对话的真实情况，但他既已写成文字发表，就负有社会责任。当时的中国科学院院长不是别人，正是郭沫若。经金生叹向郭沫若当年的两位学术秘书、历史研究所原党委书记查证，并转请郭沫若纪念馆馆长郭平英查阅了郭沫若当年的日记，前述有关人士又询问了当年中国科学院办公室的知情者，完全证实此事是道道地地的空穴来风，是在继续造郭沫若的谣，真可谓毁人不倦！出人意外的是，金生叹的这篇短文，先给南方某报，被主管枪毙，再给北方某刊，又被老总否决。理由均只有一条：怕得罪人，引起聚讼。所幸此文终于将在某刊上发表，真是"手抱琵琶，走遍天涯"，虽南边下雨，北边刮风，也还有"东方不亮，西方亮"也。令人深思的是：按照某报、某刊主管者的意见，活着的文史小贩对已故学术大师，可以造谣、诽谤，却批评不得，岂不成了只准活人放火，不许死者点灯吗？是的，无论是郭沫若，还是别的已经作古的学术前辈，他们只能永远沉默了。但是，他们的学术后辈，拍案而起，阐明事实真相，据理驳斥，难道不应该，无必要吗？不然，还有什么学术是非可言？文坛只能越来越乌烟瘴气。

60年代，著名史学前辈周予同教授曾在《学术月刊》著文指出：历史上有"腐儒、愚儒、黠儒"，不能把他们的"罪孽，都算在孔子账上"。这样做，孔子虽无法从九泉之下起而抗辩，但历史真相完全被歪曲了。周先生的这番话，今天读来仍觉含义深长。无论是对孔子，对郭沫若，还是对其他古人，把不属于他们的账，强行栽赃到他们的头上，只能是丧失学术良知的表现。"思量铁锁真儿戏，谁为吴王画此筹？"想挖空心思污蔑前贤而一鸣惊人者，是不可能使自己的头顶上冒出金光的。

（原载天津《今晚报》1998年9月6日）

《腕儿》联想

　　读陈四益的《腕儿》，使我想起不少往事。我们都是复旦校友，他比我低两届。但四益在话剧《红岩》中有声有色地先扮演许云峰，后改演甫志高时，我还在历史系读研究生，而且复旦话剧团的台柱之一、扮演特务头子徐鹏飞的董力生，是我同窗，在攻读中国近代史。当年《红岩》在复旦登辉堂首演时引起轰动的热烈场面，至今仍历历在目。

　　熟悉中国戏剧史的人都知道，洪深、余上沅等教授扶植的复旦剧社，曾在话剧舞台上活跃于一时。复旦剧社成员、中文系的高材生凤子，后来成了著名戏剧家。赵景深教授特别欣赏她，给她的试卷批105分，真是打破常规。陈望道校长、杨西光书记对复旦剧社的鼎力支持，更是复旦人难以忘怀的。复旦剧社隶属于学生会，经费很少，根本不可能排演大型话剧。陈校长知道后，捐出他的名著《修辞学发凡》的稿费。杨西光无论是在当复旦的党委书记，还是调任上海市委担任要职后，对复旦剧社一直很关心。复旦排演《红岩》时，著名导演杨村彬就是由他亲自打电话邀请，来复旦执导的。我离开大学教席，走进研究机构，已经十九年，对目前大学校园生活相当隔膜。像陈望道那样的学术泰斗、杨西光书记那样的领导干部，能热忱关怀、支持学生剧社的，不知是否后继有人？遥望浦江，不胜怅然。

时下的腕儿，大大小小、真真假假，令人目眩。相当一部分人，站在名利的最尖端，但并不自重。对着麦克风假唱者有之；临场罢演，使组织演出者急得要上吊、观众等傻了眼者有之；保镖左右护持、俨然小国酋长、一脸装模作样者有之；自称"娘娘千岁"、偷税、赖账、公然赏给观众耳光、在回忆录中把肉麻当有趣者有之；学领袖模样，却向灾区伸手捞钱脸不红、心不跳，事后还振振有词者有之；如此等等。这与我在复旦求学时见到的演艺明星们，是多么的不同呵！一代名伶言慧珠，曾几次率戏校师生来复旦演出，一张入场券才几角钱，有一次是赵景深先生请来义务演出的，分文未收，海报还是不才所作。我画了一朵很大的红牡丹。那天天气炎热，我在后台，看到言大姐穿着汗衫，对镜化妆，脸上淌着汗，既无电风扇，更无人替她打扇，她却笑容可掬。她堪称是真正的红牡丹！白杨、秦怡、孙道临、陈述、王蓓、胡庆汉等都到复旦演出或朗诵过。每年的元旦晚会，都少不了上影著名演员的身影。陈述演唱的《教我如何不想她》，表情凝重，似乎是肝肠寸断，而歌词却是"天上飞着飞机，地上爬着蚂蚁，蚂蚁爬上我的头皮，啊，教我如何不想她……"真让人笑掉下巴！胡庆汉朗诵的高尔基的《海燕》感情奔放，激昂处，似穿云裂石，撼人心弦。他们多半从市区坐一个多小时的公共汽车来复旦演出，从不摆谱。还值得一提的，按时下标准，赵丹应当说是超级大腕，或特级天王巨星了吧？拍《为了和平》时，他为了塑造好闻一多先生的形象，曾特地到历史系教室听周予同教授讲课。他很随和，同学们也视他如常人，无一人起哄。对今天如痴若狂的追星族，我百思不得其解：配吗？值吗？呜呼！

如果称颂赵丹、白杨、言慧珠、孙道临等表演艺术家是高山、大河，当前演艺界某些腕儿，不过是小土堆、小水沟，而且土堆上杂草乱长，水沟里漂浮着异物。"文化大革命"时曾大肆讨伐今不如昔论。其实，在我们史学家看来，历史上今不如昔的现象何其多也。就说前述腕儿吧，无论是艺还是德，比起他们的几十年前的前辈，不是道道地地的今不如昔吗？"无可奈何花落去"，燕子何时才归来？难矣哉，恐怕是没戏了！

（原载《生活时报》1998年9月7日）

以今铸古何时休

我国有几千年的文明史，留下了大量的古迹。历代的天灾人祸，使大批古迹化为冷烟寒灰。因此，有幸保存下来的古迹，作为昔日文化的载体，是历史发展的物证，非常宝贵；其中特别珍贵的，被列为国家级文物，予以妥善保护。

近年来，随着经济的腾飞，很多古迹、文物，得到进一步的修复，并开放供游人参观。这当然是件大好事。但是，修复不等于重建，开放文物古迹，不等于开放公园。现在看来，问题不少，而说到底，就是四个大字：以今铸古。

所谓以今铸古，就是用今天的世俗眼光，去重铸或改铸古迹、文物，搞得不古不今，非驴非马，使古迹、文物面貌全非。今春去镇江为先师陈守实教授扫墓，顺游甘露寺。这座名刹因《三国演义》的风行天下而名闻遐迩。可是，就在堂堂佛殿庄严的佛像下，摆着刘备招亲的巨大彩塑，真不知我佛如来看了作何感想！今夏参观奉节县白帝城上白帝庙，见庙旁有小洋楼一座，大煞风景，文管所的同志告我，那是民国初年四川军阀强行建造的，堪称是反文化的典型。白帝庙保存得很好，但陈列品仍然缺乏"秦时明月汉时关"的气氛，有待改善。西湖的岳庙，是纪念抗金将领岳飞，弘扬爱国主义传统的所在。不久前去重游，觉得少了几分肃穆，多了不少商气。庙内买卖丝织品的商家非止一家，进庙门前的那种虔诚、凝重、神圣感，顿时被讨价还价声扫去大半……

以今铸古，是对古的扭曲，只能对今人起文化误导的作用；而且，久而久之，必定是既无古，也无今。

（原载《人民日报·海外版》1998年11月6日）

数字的无奈

提到数字，我有时甚感无奈。回首往事，读到小学三年级时，病了一场，落下算术课，从此就跟不上，直至中学时代，数学成绩虽然还没到"大红灯笼高高挂"、吃"红蛋"的地步，但离60分总是"隔三差五"。"鸡兔同笼"那样的算题，对我来说，并不比解开"1+2=3"容易。好在我现在的职业是笔耕，无需与复杂的数字打交道，真是幸何如也。

但不幸的是，倘翻翻中国历史，就会令人感到一些莫名其妙的数字，不仅使当时的中央王朝、社会无奈，也使今天的史学家头痛。例如：明朝开国后，经过一百多年的休养生息，经济有了很大发展，但查一下明中叶的田亩数字，反而比大乱之后，到处是荒地的明初少多了，岂非咄咄怪事；清王朝铲除了明王朝的种种积弊，出现了封建社会中少见的"康雍乾盛世"，但查一下这一时期的人口数字，反而比战乱后地广人稀的清初少了很多，怎不教人感到纳闷！

当然，这些数字是虚假的，绝对靠不住，形成的原因，很复杂，此处不枝蔓，参阅专史可也。不过，这一点是肯定无疑的：大小衙门竞相捣鬼，弄虚作假所致也。与官府勾结的富民阶层，更扮演了不光彩的角色。

翻这些陈年旧账，不禁让人的心情一下子"晴转阴"。但更让人沉重的是，作为一种政治文化现象，此类数字的无奈，今人又何尝少见？

走笔至此，想起一件小事：我有位学生，任某县卫生学校校长。县卫生局部署在全县开展"灭鼠周"，一周后，上报灭鼠数字。结果，该校发动师生向老鼠宣战，毙鼠七只。如实报告卫生局长后，局座不悦，说："怎么这么少，就上报七十只吧。"校长听后刚说："这个……"局长立刻训斥道："你的书呆子病又犯了，怎么就改不了呢？！"显然，在这位局长的眼睛里，实事求是即"书呆子病"，弄虚作假倒成了天经地义。应当说，像这位局长如此是非颠倒、思维错位者，大有人在。笔者最近应邀去江苏参观访问，在一次镇政府的饭桌上，一位副镇长兼镇办企业董事长，三杯酒下肚，掏出真心话曰："现在不少地方政府、企业上报给国家的产值数字，水分比今年的洪灾还要大！"举座大笑。这虽然有点类似李白诗句"白发三千丈"式的夸张，但这位基层干部、企业家，绝对不是诗人，他对上报数字的虚假，是有深切体会的，故能洞烛幽微，道破天机。

这些虚假数字，又可分为两大类：报喜，报忧。就报喜而论，小到前述的灭鼠，大到一个企业、一个县、一个市的年产值及利税总数，多报几十万、几百万、几千万、甚至逾亿的，根本是剩菜一碟，毫不新鲜。有关领导未必就不知道其中有假，但多年来逐级吃"空心汤团"吃惯了，谁想吃"实心"的，反而被视为古怪，遭到卫生局长式的训斥。某县级市市委第一把手，原任地级市财政局长，深知经济数字实情，本着实事求是原则，在出任第一把手、大权在握后，下令在全市乡、镇、企业核查产值，结果查出二亿多纯属空穴来风，遂如实禀告上级，而上级的第一把手反而说："数字我们早已上报省委。如果全市各县都像你这样核查，我们如何向省委交代？"这位县级市委书记也就只好继续跟着上级"捏鼻头做梦——困扁头"。

报喜夸大数字，无非邀功升官。但升上去了，却难逃民之口诛。这次在南方，我就听到不少民谣，如："某某书记穷叮当，穿着短裤奔小康。""某某书记身价涨，得了几个牛屁奖，混上一个副市长。"真是一针见血，严于斧钺。

报喜如此，报忧又何尝没有水分？有的扶贫处，其实并不太穷，关键在于该地领导年年在上报数字上哭穷，从而享受中央、省有关部门给的种种优惠。近日有位新闻界的文友告诉我，他在南方某遭洪灾县采访，亲耳听到县委书记批评农业局长："你怎么能报我县夏收增产百分之八？报百分之三就够多了！如实禀报增产数字，我们遭灾的乡，就得不到上面拨款，这点你都不懂？"诸如此类，难以一一列举。

最近国内出版了英国学者写的《数字化犯罪》一书,讲用计算机犯罪的事实及法律保护。用计算机犯罪的数字毕竟是有形的,一旦查出,一清二楚。而那些在幕后捣鼓出来的虚假数字,局外人根本难窥究竟。倘有精通经济学、政治学的学者,透过种种数字的无奈,写出一部《无奈的数字》,其功德当不在《数字化犯罪》之下。贤者识大,一试如何?

（原载《中国改革报》1998年11月18日）

花果山上的 "猴门事件"

　　近日承蒙江苏企业家孙锡俊董事长的雅意，邀我去连云港畅游花果山。这可谓圆了我的少年梦。读小学时，我就看过《西游记》，对孙猴子的乐土花果山，向往之至。家乡建湖县地处苏北里下河地区，地势洼如锅底，故秋高气爽时，偶尔能见到很远的花果山山顶；当然，只是一点朦胧的山影罢了。遥望花果山，在我的童心中，惆怅之余，更平添了几多神秘色彩。

　　花果山是东海边蜿蜒起伏的云台山的一个部分，山高不足千米，但在一望无垠的苏北平原上，堪称是"绝壁千仞"了。令我惊异的是，当我们的小车沿着盘山路直趋山顶后，在蓝天白云下，海风吹拂中，却见到一只孤零零的猴子，蹲在巨石上，垂头不语，一脸的无奈。游人走近它，立刻龇牙咧嘴，似乎发出不容侵犯的警告。但当游人把面包、香蕉之类食物扔在它的面前，它立刻变得和颜悦色，一边用餐，一边瞧着游人。吃罢食物，它在山上漫不经心地走着，慢腾腾地，很像一个一身疲惫、一脸倦容、很不得意、满腹心思的天涯游子，"夕阳西下，断肠人在天涯"。还令我纳闷的是，它走来走去，仅在山顶独徘徊，决不下山，而山腰上就有它的几十只同类，在享用饲养员给它们的美味，嘻嘻哈哈，打打闹闹，更有山果甜又甜，不知猴年是何年，真是其乐也融融。这只猴为什么要离群索居，成了花果山上的独行客，而且不敢下山，到猴窝里探望"父老乡亲"？请教导游小姐后，我才恍然大悟。原来是：1998年4月，山腰猴王国里举行猴王争夺战。此猴身材高大，体魄雄健，而对手比它矮小，它本可以凭自己的实力，夺得猴王宝座，但它却在厮打时，做小动作，弄虚作假，破坏了猴规，激起群猴公愤，对它群起而攻之，将它的鼻子也咬掉了一块。从此它被群猴驱逐出境，而且不准靠近猴王国，于是这只"政治品质"很差的猴子，只好丢掉猴王国的户口，自我放逐到山顶，成了没人管的野猴、孤独的流浪汉。想不到猴王国与人类社会有如此惊人的相似之处！众所周知，二十多年前，美国的"水门事件"，导致了尼克松总统的下台。此公违犯了政治游戏的规则，触犯了宪法，为国人所不齿，一度人们都不愿做他的邻居。而花果山上的猴群，对"猴门事件"的处理，比人类可厉害多了！这是可以理解的：它们毕竟是猴子嘛。

我特地赶到山腰，去看猴王。它果然比"猴门事件"的肇事者要小一号，神情呆板，毫无英武之气。游人掷下食物，它独自享用着，其他猴子虽然似乎馋涎欲滴，却只能远远地干瞪眼。这就是当猴群第一把手的好处。无怪乎每次争夺猴王宝座时，要争得死去活来。不过，我对眼前这个看来相当平庸、然而倒是严守猴规的猴王，实在没有好感。猴无英雄，遂使庸猴成名而已。比起当年在花果山上竖起"齐天大圣"长幡、英雄盖世的孙大圣来，而今的猴王太不足道也。

北雁南飞，秋已深矣。转眼间，严冬将至。花果山顶那只咎由自取的猴子，如何度过寒冬？现在它靠野果、游人赠的食品度日，夜宿草丛。我担心它难以熬过漫长的冬天。这里，寄话连云港的园林及旅游部门，"不以成败论英雄"，请关心一下这只猴子的生存权如何？千万别让它饿死、冻死在花果山上。须知，保护好这只"猴门事件"的"反面教员"，给游人的启示，比看普通猴子喧闹、起哄耐人寻味多了！

（原载《中华读书报》1998年11月18日；《中国旅游报》1998年12月8日）

穷证

我并不喜欢收藏。对于时下日趋风靡、很多人趋之若鹜地搜集真真假假的烂古董、铜钱和毛泽东像章、邮票之类，皆无兴趣。没有那么多闲工夫。但是，作为一个虽然还未很老、但毕竟已不年轻的文化人，寒家总有不少文化积存，其中包括收藏家们已经或正在感兴趣的东鳞西爪、一枝一叶。

譬如说，我在翻旧相册、笔记本、画册、书籍时，有时会发现上海、北京、江苏等地的粮票，其中上海的半两粮票，在全国堪称独一无二，当时凭此票可买一碗豆浆，或一根油条，也因此遭到外地人、特别是北方汉子的讥评："上海人小家子气十足！粮票居然有半两的，还不够塞牙缝，亏他们想得出！"其他还有工业品券、布票、油票、买豆制品卡等等，都是我多年前随手乱放，时间久了，也就忘诸脑后，有时找东西、查资料时，又使这些鸡零狗碎之类，重新跃入眼帘，勾起我许多沉重、无奈的回忆，有的事，更是刻骨铭心，令我老泪纵横。

娶妻生子，人生大事也。我妻过校元女士，无锡人，1955年考入复旦大学物理系。与我同届，但我读的是历史学。我们在1956年相识相恋。1958年，她提前毕业，留校工作，参加了研制我国第一台模拟电子计算机的工作。从1959年冬开始，复旦大学的食堂越来越紧张，靠每月二十五斤的定量粮票吃饭，副食品又少得可怜，我根本吃不饱。校元吃饭时，每次总要将碗里的饭拨一些到我的碗里。1961年冬，我留校读研究生已经一年。我俩商量多次后，决定结婚；因为结婚后，才能拿到户口簿，而有了户口簿，便有了副食品供应证，每周可买几块豆腐干、半斤豆芽之类，还另有一些票证。我们的积蓄很少，为置办必备的家用品，煞费脑筋。我在朔风凛冽中奔波，费了很大劲，才凭票购到一张双人铁床、一只热水瓶、一个洗脸盆、一只痰盂。第二年夏天，我妻在第二军医大学办的长海医院，生下我们的儿子宇轮。全国的饥饿，像瘟疫一样蔓延，我们无权无势，无处开后门；校元怀孕期间，营养不良，身体又不好，故儿子出世后，她几乎没有奶水。出院那一天，她哭着对护士长说："我这一点点奶水，怎么能养活这个孩子？"这位瘦长的约三十多岁的护士长，含着眼泪，叹息着说："是啊，你如果营养跟不上，身体又康复得不好，很可能会断奶的。"她说："这样吧，我去找医生商量一下，看能不能开出证明，就说你因病无奶，你们拿这个证明，去找牛奶供应站，按照规定是可以订一瓶牛奶的。"也不过十分钟后，护士长微笑着来告诉我们：证明开来了！我们真不知道怎么感谢这位善良的护士长、女军人才好，我妻感动得连连抹着眼泪。而护士长叹息着，一脸无奈地说："这里的产妇，很多都没有奶水，我们也不知道怎么办。这样的证明，我们是很少开的。因为现在牛奶供应非常紧张，多开了，牛奶公司会对我们有意见。"回家后，我立即去牛奶供应站，办事员是位中年人，得知我俩都是在复旦大学搞研究的，他二话没说，就给我办了一张牛奶卡。我手拿这张薄薄的、四寸见方的卡片，觉得手头沉甸甸的，胜似万两黄金。有了它，我的儿子的生命才有保证，我妻子才能破涕为笑。弹指间，三十多年过去了！我那贤慧却又苦命的妻子，在"文化大革命"中遭迫害不幸去世，已经二十八年，宇轮远渡重洋，在澳洲落籍，也已十年；不知那位护士长大姐、办事员老哥，现在哪里？非常怀念他们……

回首票证浑是梦，都随风雨到心头。不管是众多爱好者热心收藏的还是我家残存的各种票证，都是穷证——是计划经济、特别是极左年代国困民穷的历史见证。其次，更准确地说，是"左"的路线、乌托邦空想把国家、百姓搞穷的物证。背离了实事求是的"共产风"、浮夸风闹到了顶峰，带来的后果正如一句诗所形容的那样，"一峰曾使九州贫"，这是莫大的历史悲哀！所幸噩梦一般的历史，早已翻过去好多页，改革开放现代化大潮，从人们的日常生活中，冲走了那些大大小小、琐屑难记的票证。真个是：别了，票证。但愿它永远不会卷土重来。

（原载《海南日报》1999年1月4日；《中国改革报》1999年1月6日；并收入天津百花文艺出版社的《票证旧事》）

别了，《兔园策》

虎年已是岁末，兔年即将来临。在送虎迎兔之际，不禁想起有关兔子的种种掌故。我以为，《兔园策》的故事，是耐人寻味的。

时下年过花甲者，一般都很熟悉旧时私塾里的启蒙读物，诸如《百家姓》《三字经》之类，简单易学，很适应三尺童稚智力的初级阶段，至于《大学》《中庸》之类，多半费解，故当时的儿童每每发牢骚曰"读《中庸》，屁股打得鲜红"！但是，《百家姓》《三字经》之类读物，比较晚出，远不及《兔园策》资格之老。

《兔园策》又作《兔图册》，其作者史料记载歧异，有的书说是唐杜嗣先撰，或谓虞世南撰，这里存而不论。唐太宗李世民的儿子李恽（蒋王）热心教育，命僚佐模仿应试科目的策问，编成问答题，引经史解释，分四十八门，共十卷。汉代梁孝王曾有很大的园囿叫兔园，故此书取名《兔园策》。但在唐代，并未风行天下，至五代时，才流行于民间，成了私塾的课本。由于这本书的体例比较呆板，也未免太官气，行文又追求对仗、押韵，不够通俗，所以流行一阵后，就被别的优秀儿童读物所取代，《兔园策》正应了一句俗话："兔子尾巴——长不了。"今天，我们只有在敦煌文献中才能看到它的残卷，重温一千多年前的依稀旧梦。

不过，《兔园策》毕竟在唐代、特别是在五代的政治、文化生活中打下烙印，当时的很多高官，不学无术，目光短浅，见识鄙陋，因而被时人讥为《兔园策》水平，如同今天我们嘲笑某些带长字号人物的水平是"小儿科"一样。声名不佳的几朝元老、政治不倒翁"长乐老"冯道（按：近年有人为他翻案，大声喝彩，我看是邪了门了！），更是一位典型。据《旧五代史·冯道传》《新五代史·刘岳传》等史料记载，有一次冯道上朝，任赞、刘岳二位官员随其后，冯道几次回头看他们，任赞故意问刘岳干什么，刘岳大声说："忘记拿《兔园策》了！"以此讥讽冯道的治国才能，只有《兔园策》的水平，并非官大就学问大。冯道听了当然勃然大怒。但是，这样的讥评，是很准确的。事实上，他除了精通权术，八面玲珑外，又有多少学问，多大本事？

大江东去，"逝者如斯夫"，冯道那样的政界老奸巨猾之徒，虽不可能"千古典型今复见"，但是，类似此公的《兔园策》现象，却屡见不鲜。我听过台湾演员说的相声，讽刺某部长回答记者的各种提问，总是哼哼哈哈，不置可否；或者说"我们正在请专家、学者研究"云云。何以如此？无非是此人读书不多，也就是除《兔园策》之外，胸中并无他策。咱们这儿，官更多，问题也就更多。有的要员做报告，居然由秘书代劳，全部从报纸上抄来，没有一句话，是属于他自己的，甚至把原稿上的"接下页"也高声照念不误，引起全场哄笑。如此才能，其实又在《兔园策》水平之下，真让人哭笑不得。

兔年即将来临，我们热烈欢迎。但是，对于政治文化领域里的《兔园策》现象，我们要大声疾呼：别了！但愿不再来。

（原载《中国民航报》1999年1月22日）

兔年虎梦

　　风生水起，潮涨潮落，老虎辞岁！玉兔东升——转瞬间，兔年来临了！

　　在虎年元宵节某报举办的文化名人座谈会上，一位老前辈说："我是属虎的，但常做兔子梦。"举座莞尔。人生苦短，常在梦中，不才自然也不例外。我的梦很多：温柔敦厚的、缠绵悱恻的、凄婉欲绝的、惊恐万状的、威武雄壮的，等等，几乎应有尽有。但是，我很少梦见动物更从未梦见过兔子。

　　难道是我在灵魂深处，拒兔子于千里之外吗？这虽非如此，却是事出有因的。遥忆童年，僻居水乡，又是抗日根据地，四面被日寇、顽军封锁，视野狭小，堪称孤陋寡闻。小学一年级教科书上，有一课是："小白兔，你的眼睛为什么这样红？"其实，我根本就未见过小白兔，谁知道它的眼睛为什么会这样红？老师当然见过小白兔，可问他，他也没答出个所以然来，使我深感失望。后来，新四军战士帮老乡割麦时，在地里逮住一只小灰兔，送给我玩，还特地帮我在门前挖了个洞，让它待在里面。这让我狂喜不已。我喂它菜叶、豆苗、青菜，小心翼翼，希望它能成为我的好朋友。但不久，我就失望至极。我跟着母亲到地里，看她割麦，玩了一会，再回家一看，兔子已经溜之大吉，无影无踪。我很气愤，心想待它这么好，它还开小差，真是没良心，太不够朋友；再说，它是灰兔，并非白兔，居然也是红眼睛，更让我困惑——走笔至此，我不禁为自己半个多世纪前的童年情愫，哑然失笑。不过，童年时的某些际遇、情结，往往会影响一个人的一生。说实话，我从此对兔子缺乏好感，至少缺乏深厚的感情。严冬来临，大雪纷飞时，村庄上的老少爷们全体出动，手拿木棍、竹竿，去村南一片很大的时有野兔出没的坟场围捕兔子。先是人人放大嗓门大声吆喝，吼声阵阵，大有"渔阳鼙鼓动地来""黑云压城城欲摧"之势，吓得兔子惊慌失措，狂奔乱窜，最终栽倒在棍下或竿下，成了村民的釜中佳肴，共同品尝的野味。坦白地说，我虽小小年纪，也自告奋勇地参加了这支围剿队伍，并分得一杯兔羹。惭愧乎？未曾有也。

是的，伴随着我成长的脚步，走南闯北，见闻日多，特别是读过大量的野史、笔记，我何尝不知道兔子那些种种美丽动人的传说、掌故？什么"静若处子，动如脱兔"，明朝诗人苏伯衡的《玄潭古剑歌》，还热烈赞美"神光兔脱飞雪霜，宝气龙腾贯霄汉"。但兔脱或者脱兔，纵然如"神光"飞驰，不也就是跑得快或者溜得快么? 不幸的是, 它跑得再快, 也常常免不了成为狮子、老虎之类猛兽的膏吻了, 更不用说能跳出人类的手掌心了, 兔子几乎成了弱者的代名词, 一句"小兔崽子", 充分显示了它的卑微、无奈。而"兔死狐悲""狐死兔泣""兔死狗烹"之类的成语, 更使人想到人类本性中丑恶的一面引发的无数悲剧。汉代开国元勋韩信在冤死前, 仰天呼号, 发出绝望的叹息:"狡兔死, 走狗烹; 高鸟尽, 良弓藏; 敌国破, 谋臣亡。"真令人思之扼腕! 发人深思的是, "冤"字, 是与"兔"字密不可分的, 兔子的悲剧命运, 也就可想而知了。

不错, 兔中也有绝顶聪明者在。我在读小学高年级时, 曾听先师陈德先生说, 他有次打游击时, 夜过坟场, 看到前面似乎有个小孩子在走着, 觉得奇怪, 快步追上一瞧, 原来是一只兔子, 头上顶着干牛屎, 身上披着一件幼童尸体上的小褂, 在学人走路(按: 我在野史上也曾看到过类似记载); 又闻故老传言, 饱经忧患、经验丰富的老兔, 连老鹰也不是其对手——当鹰俯冲飞下抓它时, 它仰卧着, 等鹰刚落地, 它立即用脚爪抓瞎鹰的双眼。这样的兔子, 称得上是名副其实的狡兔, 后者更是兔中"该出手时就出手"的好汉。但是, 前者不过是兔中小玩闹, 吃饱了撑的; 后者则属"凤毛兔角", 太少了!

诚然, 兔子也曾经激起了人们的浪漫情怀, 想象着它手拿药杵，一边捣着灵药，一边看着美女嫦娥在梳理长发，向它微笑，勾起了多少人的奔月梦。但是，宋代聪明绝顶的文豪苏东坡，向人们泼来一瓢冷水："我欲乘风归去，又恐琼楼玉宇，高处不胜寒"；嫦娥在天上的邻居，一心思凡的七仙女，也感叹着"天宫岁月太凄清，朝朝暮暮数行云"。人们终于明白，兔子在广寒宫里守候虚无缥缈的神仙，还不如待在地上的窝旁，一边吃着洒满露珠的青草，一边赏月呢。

兔子最大的悲哀，莫过于因为它唇上缺了一大块，被刁钻的文人，将它与某种无行之行联系在一起，谓有此行为者为"兔子"。清人王言著有《圣师录》（见《虞初新志》卷一八）列举大小动物种种感人的事例，却未述及兔子一个字，这不能不算是兔子的另一种悲哀。

显然，在我们的灵魂深处，倘若过多地打上兔子的烙印，决非善事。试看文艺作品，充斥着迷糊糊、软绵绵的情调，有气无力，真不啻是兔子的颂歌。从长远的观点看来，如果我们的民族精神中，兔子无所不在，那么，恐怕离唱末日的挽歌也就不远了。

就此而论，我呼唤、赞美老虎，即使在梦中，也唱着老虎颂。虎，又称山君，百兽之王，尖牙利爪。它满身阳刚，威武不屈，一声咆哮，山野震惊。虎颂事实上就是阳刚颂，强者颂，正气颂。而只有这样的颂歌，才能铸造我们民族的灵魂，激励民气，奋发进取，把一切艰难险阻，踩在脚下，伴着龙吟,走向胜利的彼岸。

兔年来临,欢迎;虎年走了,欢送;但是,唱歌要唱老虎颂,做梦要做老虎梦。不亦壮哉!不亦快哉!

(原载《北京日报》1999年2月22日)

吾意独怜才

不久前，曾有媒体报道说，常熟的钱牧斋墓，因基建施工被毁，这使我深感震惊；后来又有消息传来，在文化界、文物管理部门的干预下，墓被保存下来了。真相到底如何？甚感困惑。今春我去江南扫墓，抵苏州后，本拟赴常熟拂水岩下，看个究竟，惜因事返京，未能成行，遂托苏州文友某作家了解实情，至今却未见下文。遥望南天，我真诚地希望牧翁（按：牧斋名谦益，号东涧老人，明清之际文士多称其为牧翁）及其夫人大名鼎鼎的才女柳如是的墓安然无恙。

1980年夏，我持明清史专家谢国桢前辈的亲笔介绍信，至常熟访书，在图书馆曾雍苏陪同下，冒着炎炎烈日，去看钱牧斋墓。历经沧桑，墓上的建筑物已荡然无存，只剩下一个不大的长满杂草的土堆。坟前有石碑，书"东涧老人墓"，乃苏东坡字体。我蹲下端详此碑，发现碑上似还有字，被埋入土中，遂用手刨去浮土，果然看到碑文左下侧镌有两方图章，文曰"世人皆欲杀""吾意独怜才"。熟悉唐诗的人都知道，这是诗圣杜甫怀念李白的《不见》诗中的名句，全诗是：

"不见李生久，佯狂真可哀。世人皆欲杀，吾意独怜才。敏捷诗千首，飘零酒一杯。匡山读书处，头白好归来。"（原注："近无李白消息"）这"世人皆欲杀，吾意独怜才"十个字，实在是可圈可点。回顾古往今来，有多少杰出才华的人，在受握有生杀予夺大权者蒙蔽下而高呼"皆欲杀"的"世人"的喧嚣声中，被砍头，甚至被凌迟：也许最典型的例子，就是明末抗击后金（清）的袁崇焕，被害后，京中百姓竟争啖其肉以泄忿，这是何等的悲哀！诚然，崇祯皇帝是中了敌方的反间计，铸成此遗恨千古的大错。但是，倘若他能有半点"吾意独怜才"之心，想到袁崇焕以一介书生，指挥明军，抗击关外强虏，屡获大捷，称得上是盖世奇才，又何能将袁崇焕那么快地处决，从而自毁长城！就此而论，从古代的韩信、岳飞、熊廷弼等一代名将，到现代的吉鸿昌等著名将领，他们的被冤杀或迫害致死，尽管历史背景不同，目的有别，但有一点是共同的：主谋者不仅把他们的赫赫战功一笔勾销，也将他们杰出的政治、军事才华，视为粪土，弃如敝履，何尝有半点怜才之心？这是中国政治文化史上极其糟糕的坏传统，事实上，也是与我们民族历史上宽容待人、爱才如命的优良传统，格格不入的。

就以钱牧斋来说吧。不错，他作为明朝的大臣（官至礼部尚书），在清兵下江南时，率领弘光小朝廷的官员，向多铎投降，并派人四处张贴揭帖，号召百姓不要抵抗，免得化为虀粉云云。实在是大节有亏。在这个涉及民族气节的大是大非问题上，钱谦益自污人格，过去、现在却都有人为他翻案，我看是完全徒劳的。倘若此案真的被翻掉，那么史可法、阎应元等殊死抗清的名臣名将，以及浴血奋战在扬州、江阴、昆山、嘉定而慷慨赴死的抗清军民，岂不成了一钱不值的牺牲品？这一页悲壮的历史，决不能颠倒是非。但这并不意味着，因此而将钱牧斋从历史上一笔勾销。作为优秀的文学家、诗人、历史学家，事实上，他从来就没有从历史上消失过，翻开任何一部明清文学史，不可能不述及他的文学成就；包括笔者在内的研究明清史学者，有谁没有读过他的名著《初学集》《有学集》《国初群雄事略》《列朝诗集》？还值得一提的是，降清后，他很快就辞去新朝的礼部右侍郎，返归林泉，读书、著述不辍，与柳如是形影不离，优游岁月；更值得称道的是，据传抄本及"国学基本丛书"本清初陆陇其《三鱼堂日记》载，顾炎武"尝通书于海上"，也就是与海上的抗清运动有往来（按：常熟故老传闻，钱牧斋、柳如是夫妇，曾经支持、赞助过海上抗清活动，但尚缺乏确切的史料依据），后被捕"下狱几死"，幸亏钱牧斋等极力营救，顾炎武才被释放，不久即远离江南是非之地，到北方去游览、考察、著书，终于成为清初开一代风气的思想家、学问家。凡此，人们岂能将钱牧斋一概抹杀？不，这些该肯定的都应当充分肯定。在这一点上，清中叶的无锡学者钱泳，堪称头脑清醒。就在乾隆皇帝大骂钱牧斋"丧心无耻"，查禁钱的著作，江南文人也鄙夷钱是"江浙五不肖"之首后，却毅然为亦已荒废的钱牧斋墓"集刻苏文忠书曰'东涧老人墓'五字，碣立于墓前，观者莫不笑之"（《履园丛话》卷二四"东涧老人墓"条）。这就是本文前述我所见到的钱牧斋墓碑上的字。钱泳在这条笔记上，虽然未述及那两枚闲章所镌文字，但好在碑上所刻，安然无恙。"世人皆欲杀，吾意独怜才"，乾隆、嘉庆年间视钱牧斋罪该万死、狗屎不如的高压氛围，及钱泳为牧斋书碑文的"吾意"，尽在其中矣。当时，"观者莫不笑之"，无非是笑钱泳的不识时务，或者借用当代二十多年前的口头语言之，即与被打倒、批臭的钱牧斋划不清界限。但历史证明，笑到最后的是钱泳，而不是那些"莫不笑之"者。

最近我刚出版了一本《交谊志》，是萧克老将军主编的百卷本"中华文化通志"中的一卷，书中有不少古人怜才，尽管政治立场不同，却继续与友人保持学术、文化的往来，因而照样保持友谊的种种历史事实。如顾炎武与在明朝任御史，降清后又任御史、布政使等高官、后来入《清史·贰臣传》的曹溶，就保持了二十年的友谊。其中的根本原因，是曹溶善诗，精于文物、考古，与他交往，对自己学术、文化的建树，有益无害，丝毫无损于自己作为拒不出仕的明遗民的形象。倘一言以蔽之，也还是"吾意独怜才"。

一个民族的发展史，在相当程度上，就是人才的发展史。有很多人，据说没有缺点，甚至如杂文家牧惠戏言的那样，一身完美得连肚脐眼都没有，但却是庸碌之辈，毫无作为，早已沉入历史大潮的深处，无影无踪。而另一些人，有不少毛病，甚至如钱牧斋，曾经大节有亏，但他们却在某些方面，有杰出才华，做出过重要贡献，我们就应当加以实事求是的肯定。极左年代对各种人才攻其一点，不及其余，任意摧残甚至杀害的噩梦，人们至今是记忆犹新的。"殷鉴不远"，愿为政者能时时想到"吾意独怜才"，则人才幸甚，国家幸甚！

（原载香港《大公报》1999年3月1日；《教育时报》1999年3月27日；《前线》1999年第2期）

春夜寂寞思杜鹃

儿时在南方乡居，经常在万籁俱寂的春夜，听到杜鹃声声唤，情切切、惨兮兮。及长，进了中学，读了不少文史书籍，才知道杜鹃的掌故，传说它是古代蜀国之帝杜宇的魂魄所化，按《蜀王本纪》的说法，"杜宇为望帝，淫其臣鳖灵妻，乃禅位亡去，时子规鸟鸣，故蜀人见鹃鸣而悲望帝。"因此，本来叫鹃的鸟，成了杜鹃；也以此故，杜鹃跟悲剧联系在一起，从春到夏，从夜到昼，它哀鸣不已，直到吐血，仍在悲啼。李商隐的诗句"庄生晓梦迷蝴蝶，望帝春心托杜鹃"，使人惆怅。另一位诗人的"杜鹃啼落桃花月，血染枝头恨正长"，更使人难免悲从中来。其实，古人诗词中咏及杜鹃的，可谓俯拾即是。崔涂的《旅怀》"蝴蝶梦中家万里，杜鹃枝上月三更"，可谓对故乡的风、故乡的云，魂牵梦萦；范成大的《村庄即事》"绿遍山原白满川，子规声里雨如烟"，将江南四月如烟如梦的美景，生动地展现在我们的眼前；王逢原的《送春》"子规半夜犹啼血，不信东风唤不回"，写出了无可奈何春归去的一怀愁绪；毛莹的《［商调］

玉抱肚·武林怀旧》"续成残梦杳无期，坐听林端叫子规"，对于自己和他人的失恋，听杜鹃的啼声"不如归去"，无疑是莫大的安慰。显然，诗人们听杜鹃的叫声，各人固然感受不同，"别是一番滋味在心头"。但是，从这些诗句中，我们也不难看出，杜鹃与国人的精神世界息息相通，在山崖水曲间，林木丛中，西湖碧波上，乡间柳梢头，杜鹃是司空见惯的。

　　然而，曾几何时，杜鹃的哀啼，似乎渐渐成了人们梦中的记忆。我来北京工作，已经二十年，无论是春末还是夏初，也无论是在城西还是城东，甚至在山高林密、曲径通幽的戒台寺、卧佛寺，从未听到杜鹃声；这些年来，我也常去南方，也无论是在淮东故里，还是烟雨江南的苏州、无锡、杭州，甚至在望帝的家乡成都，竟然一次也未听到杜鹃声。这使我深感纳闷。这几天，乍暖还寒，春雨潇潇。夜坐书斋，听雨声淅沥，倍感寂寥。不足半月，就是清明。我很快就会去南方为家父母、亡妻扫墓。想到高菊磵的《清明》"纸灰飞作白蝴蝶，泪血染成红杜鹃"的诗句，黯然神伤。但是，天涯何处有杜鹃？生态环境的恶化，使杜鹃越来越少，让孤陋如我者寡闻其声，这恐怕比"杜鹃啼落桃花月"更使人感到悲凉了，奈何！

（原载《人民日报·海外版》1999年4月2日）

另一种扫"黄"

扫黄，虽非月月扫，天天扫，但起码是年年扫，而且通常每逢五一节、国庆节前后，会大张旗鼓地整顿发廊、桑拿浴室之类公共场所，打击卖淫嫖娼，严厉惩处走私及非法生产黄碟者。效果如何？有目共睹，毋庸笔者饶舌。我要饶舌的是另一种扫"黄"：扫除皇帝意识（按依照同声假借原则，古代黄、皇二字可通用）。

我国的封建社会特别漫长，正式登基，有国号、年号的皇帝，不下三百多位，可谓多矣。而占据一隅之地，或一座山头，甚至就在"三家村"的破庙里称孤道寡的土皇帝，更不知凡几。可以毫不夸张地说，在很长历史时期内，以一家一户为生产单位的中国古老土壤上，一直滋生着皇帝的酵母菌，以至于"皇"流滚滚，污染赤县神州、亿兆斯民。

中国历史的最大悲哀，借用马克思的话说，是在于"死的抓住活的"。末代皇帝被推翻虽已达八十八年，溥仪先生因时在"文化大革命"虽寿终而未能正寝也已近三十二年。然而，尽管无边落木萧萧下，却依旧不尽"皇"潮滚滚来。萧乾先生生前曾慨然长叹："民国以来，中国的毛病是官员们做的是民国的官，心里却还在当皇帝。"所言极是。有些人口称公仆，实际上却把公众视为自己的奴仆，以主子、皇帝自居。曾经位居要津的贪官陈希同，有句口头禅谓："这件事我说了，就定了！"与"朕即法"，及"圣旨"高于一切，又何其相似乃尔！

谁能说得清当今中国有多少变相的土皇帝，仅仅媒体揭露出来的某村、某乡、某县，或某处、某局的关门称孤、独断专行、横行不法者的倒行逆施，鱼肉百姓，就够让人触目惊心了！只要有这些大大小小的土皇帝存在，中国就不可能有真正意义上的政通人和，更不用说是什么盛世了。

草民意识历来是皇权主义的重要思想基础。而我们的媒体，常常自觉不自觉地宣传草民意识。电视里充斥着好皇帝、清官戏，伴随而来的台词、潜台词，就是"圣主英明""谢主隆恩""青天大人是俺的再生父母"之类草民意识的不胫而走。正是诸如此类的历史迷雾中，一些想入非非者，公然演出了"十八子当皇帝"的丑剧、闹剧；虽然这些案件，早被公安部门破获，但它的生存土壤、氛围，谁敢说已不复存在？这还不值得我们深长思之么？

近日，与方成、牧惠、陈四益等文友应邀去某饭店用餐，店内有座小桥，竟赫然大书"御河桥"三字！店主的意思，大概不是让客人过一下皇帝过桥的瘾，就是让客人联想自己正在走进皇帝宝座，好不荣耀。足见皇帝意识的无所不在。我们正在走向21世纪。但是，如果我们不痛下决心，坚韧不拔地扫荡皇帝意识、皇权主义思想，批判封建专制主义流毒，在灵魂深处，仍然走着古老的御河桥，实现"四化"的强国梦，恐怕弄不好又只能"捏鼻头做梦"了！

（原载《中国民航报》1999年5月28日；《海南日报》1999年6月7日；《杂文界》1999年第8期）

无妻杀人当奈何

　　自古及今，司法腐败，最令百姓痛恨；而执权柄者，"跟着感觉走"，搞法外之法，恣情枉法，更令人切齿。据清代竹勿山石道人屠绅《琐蛣杂记》卷十记载，乾隆时固始县人何汉杰，对司法一窍不通，却自用其能，乱审乱判。他在齐东一小郡主持政务时，常常放掉杀人犯，宣称："杀人者死，规矩也，可死而不死，巧也。"一个巧字，何其荒唐！他审问凶犯时，都要问有无老婆，凡有老婆者，他皆曰可活，纵然罪大恶极，也不判死刑，真乃荒谬绝伦。当时百姓流传歌谣一首："杀人多，恃家婆，无妻杀人当奈何！"堪称一针见血。当今之司法腐败，亦五花八门。江苏某县公安局盖起高达十多层之高楼，经费竟然全部系对嫖客、妓女、赌徒、小偷之流的罚款；区区一县，罚款数如此之大，不亦枉乎！而罚款不交国库而入单位金库，亦违法也。该县百姓编顺口溜一首，与"无妻杀人当奈何"谣有异曲同工之妙。现抄录如下：

嫖客打的桩，"小姐"灌的浆，

赌徒砌的墙，小偷上的梁；

现在需装潢，要找"洗头房"！

眼看"洗头房"的"洗头女"们就要遭殃了！呜呼。

（原载《中国职工教育》1999年第3期）

百年河汉望明星

很难设想，一个没有群星灿烂的民族，能够在世界民族之林巍然屹立。在我们中华民族的历史上，政治、经济、文化领域，先后有数以万计的明星，用他们超凡的智慧、卓越的品格，造福人间，光耀河汉。在近现代，以张謇、荣毅仁等为代表的企业家，撑起了民族工业的半边天，他们的辉煌业绩，为世人所景仰。

改革开放以来，随着经济大潮的扑面而来，涌现出不少著名企业家，有的也曾经名噪一时，如步鑫生、马胜利、陈国星、史玉柱等。但是，曾几何时，有的已被滚滚东去的历史潮水淹没，有的正摇摇欲坠。据《中国企业家》杂志报道，截至1997年底，中国首届二十名优秀企业家中，三人升迁，五人正常退休，一人辞职，三人免职，一人被停职，一人病逝……仍在原企业谋求发展的仅四人。四顾知音仅余四，这不能不是个悲哀的数字。更发人深思的是，步鑫生独断专行，盲目引进国外生产线，导致企业破产，只好黯然下台时，马胜利接受记者采访，批评步鑫生说，"改革不等于胡来"。可是，这句很正确的话言犹在耳，他却大张旗鼓地组建马胜利造纸企业集团，目标是把一百家企业纳入麾下，结果一百个"儿子"还未出世，才承包的三十六家企业，已日薄西山，他的立足点石家庄造纸厂破产，他被免职，只好被迫申请退休。急于生一百个"儿子"，不是胡来又是什么？习酒公司的老总陈国星，居然要建百里名酒城，真是昏昏然，"不知今夕是何年"，1998年夏天，他开枪自杀。珠海的巨人集团老总史玉柱，为盖全国最高的"巨人大厦"，几乎耗尽了巨人集团的流动资金，使"巨人"出现严重危机。如此等等。这些明星的转瞬即逝，或危在旦夕，不禁使人想起鲁迅当年批评某些改良家"皮毛改新，心思仍旧"，也就是说，他们缺乏自省，世界观里陈旧的东西太多了！

百年河汉望明星。希望企业家都克服人格障碍，成熟起来。我相信，国人正翘足而待！

（原载《中华英才》1999年第6期）

月下谁敢追萧何？

萧何月下追韩信的故事，差不多是妇孺皆知的。但是，谁敢月下追萧何？

提出这个问题，似乎有点"丈二和尚——让人摸不着头脑"。其实，我要说的是萧何——这位在秦末农民大起义中，帮助刘邦打天下、立过头等功勋、当上堂堂汉朝丞相的古代杰出政治家，也曾贪污受贿。据《史记》卷五三《萧相国世家》记载，他利用权势以贱价强"买田宅数千万"。萧何又特地上书汉高祖，说"长安地方狭小，皇家上林苑中有很多宝地，请求开放这块禁地，让百姓耕种"。刘邦阅后大怒，一针见血地指出："丞相受了很多商人的财物，便替他们说话，要求开放上林苑，讨好百姓！"立即下令将萧何关进监狱。后虽经人说情，刘邦将他释放，但毕竟吓得他半死，光着脚，以老态龙钟之身，战战兢兢地向刘邦千恩万谢。

其实萧何不仅纳贿，若论行贿，也是个老手。早在秦朝末年，他任沛县吏时，就曾经贿赂当时任亭长的刘邦，别的小吏"送奉钱三，（萧）何独以五"，这不是重贿又是什么？

无论是行贿、纳贿，都是犯罪行为。萧何更是汉初法律的制定者，何况位极人臣，是"一人之下，万人之上"的丞相，居然知法犯法。"官者，不持戈矛之盗也"。从本质上说，萧何的贪赃枉法行为，与"月黑杀人夜，风高放火天"的盗贼并没有什么两样。但是，月下人们可以追盗、捕盗，谁又追捕萧何呢？

这就是"礼不下庶人，刑不上大夫"的遗风，充分显示了在以皇权为核心的封建专制主义统治下封建特权的腐朽性。事实上，皇帝从家天下的最高利益出发，最担心的是大臣、特别是武将的谋反，而不在于他们是否贪污。宋太祖赵匡胤对宰相赵普说的一番话，堪称典型地道出了皇帝老儿们的心思："朕今选儒臣……即使是全部都贪污受贿，也比不上五代时一个叛乱的武臣危害大。"（《通鉴长编》卷一三，开宝五年十二月乙卯）唯其如此，封建社会的高官，包括丞相或宰相，贪污受贿者，并不少见。被史家誉为"贤相"的汉初另一位丞相陈平，也曾在军中任护军时，"受诸将金，金多者得善处，金少者得恶处"；明代中叶的宰相张居正，死后抄家，有金银约十九万五千两，还有大量的房产、土地，若非贪贿，从何而来？至于清代和珅，抄出的家产更令人瞠目，"和珅跌倒，嘉庆吃饱"，足以说明矣。而从历史上看，除了在特定的政治形势下，如先帝爷驾崩，皇帝出于政治需要，翻手为云，覆手为雨，将个别宰相打下去（如和珅），或在其死后，彻底算账（如张居正）外，对于高官如萧何、陈平之流的贪污受贿，是眼开眼闭的。上梁不正下梁歪。高官——包括改革家如张居正——经济上不干不净，欲普通官吏干干净净，又安可得乎！宋代的有识之士杨万里鲜明地指出："大吏不正而责小吏，法略于上而详于下，天下之不服固也。"（《诚斋集卷》八八，《驭吏上》）这是很有道理的。

月下谁敢追萧何？这是封建制度的悲哀，人类的悲哀。只要有中世纪的阴影在，类似的大同小异的丑剧，便难以在政治舞台上消失；除非真正的太阳——健全的法制——在天宇高悬，光芒照彻每一个角落！

（原载《海南日报》1999年7月5日；《报刊文摘》1999年7月19日；《杂文选刊》1999年第9期）

春灯儿女对良宵

时近春暮，兔年春节的锣鼓喧天、鞭炮齐鸣、轻歌曼舞、灯红酒绿，早已成了"昨夜星辰"，"消失在茫茫的银河"；难忘的除夕夜，只能在梦中去重温此情此景了。说来惭愧的是，半生碌碌，如果从三岁记事算起，我已度过五十八个除夕夜。不知是如先父恒祥公曾经批评过我的"白米饭养黄了牙"，还是人渐老，喜安静，对于沸鼎烹油的电视晚会，越来越看不上眼，还不如随便翻翻书，回想深埋在记忆深处的一个又一个除夕。今年的除夕夜，我便是这样度过的。

"春灯儿女对良宵"，多么温馨的词句！这是近代词曲泰斗吴梅的绝妙好词。吴梅弟子卢冀野编的木刻本《霜崖曲录》，卷一有套曲《黄钟绛都玉漏太平花·己未除夕》，谓："……〔太平歌〕那有黄羊来礼灶？纵使把痴呆出卖何人要？怕风情输与小儿曹。〔赏宫花〕我如今自拥牛衣沉醉倒，也算做春灯儿女对良宵。"读吴梅此曲，不仅感慨系之。己未是1919年，其时吴梅应蔡元培之邀，正在北京大学教授曲学，待遇丰厚，全家团聚，插书满架。该年喜爱昆曲的皖系军阀徐树铮，被段祺瑞任命为西北筹边使兼西北军总司令，徐很仰慕吴梅，拟聘请他担任秘书长。这显然是个身价百倍并有可能飞黄腾达的重要位置。但是，吴梅坚决拒绝，写了《[鹧鸪天]答徐又铮（树铮）》："辛苦蜗牛占一庐，倚檐妨帽足轩渠……西园雅集南皮会，懒向王门再曳裾。"在《思归引·序》中，更清楚地说："彭城徐公，经略西陲……征及下走……陋巷茅茨，西风菰米，下士所乐，或非金谷所有也。"这些都充分显示了吴梅甘于淡泊，对学者政治化、政客化嗤之以鼻的崇高品格。因此，他在除夕之夜，也是平平淡淡，"自拥片衣沉醉倒"，把家人的和谐、安康、欢声笑语，也就是"春灯儿女对良宵"，看成是足慰平生。

反观世风，浮躁、奢靡日甚一日。大款们祀灶用黄羊已属小焉矣哉，请客送礼，动辄一掷千金、万金；电视里的戏说这、戏说那，呵痒式的味同嚼蜡的相声、小品，实际上不管你要不要，却在拼命出卖痴呆，倘吴梅地下有知，真不知作何感想！

（原载《北京日报》1999年9月8日）

何必登上你的贼船

——煞风景的考证之一

不久前，在电视新闻里看到越剧名伶茅威涛演的《孔乙己》的片断，心里真不是滋味。虽然她为了艺术，剃了光头（青丝委地，多可惜），但无论怎样化妆，也难以将这位漂亮小姐的扮相与黑瘦、潦倒、肮脏、可怜又可厌的孔乙己形象画上等号。不知她是怎样来念孔乙己的臭名昭著的"窃书不能算偷……窃书！……读书人的事，能算偷么？"的辩护词的。须知，时下常有人事实上将孔乙己的辩护词奉为金科玉律，如果将孔乙己数茴香豆时的哼哼叽叽"多乎哉？不多也"改头换面，来形容此辈，肯定是"少乎哉？不少也"！

当然，"萧条异代不同时"，今天的孔乙己的"后起之秀"，当然不屑于偷一点纸张笔墨、书，换碗酒吃。不，他们为了名利，偷学者的文章，"长途贩运"，譬方说，将北京报刊上发表的文章，偷到上海、湖北、新疆的报刊上发表，有的报刊发行量不大，作者不会看到，也就难以发现，何况咱大中国的报刊，又何其多也。即以不才而论，早在80年代初，就已开始被文坛扒手光顾。例如，章太炎在《书顾亭林轶事》一文中，说"清一代票号制度，皆亭林、青主（按：傅山）所创也"。某些学者据此引申，认为山西票号是顾炎武始创的，旨在为抗清服务。我认为此说毫无根据，在刊于1979年冬《中国史研究》上的拙撰长篇学术论文《顾炎武北上抗清说考辨》中，专门有一段，予以驳诘。但不久，有人在西北的某学术刊物上，著文论山西票号史，将我的这段论文，格抄勿论，一字不漏，既未打引号，也未注明来源，这不是剽窃又是什么？过了些时候，上海一位文友来信告诉我，我辛辛苦苦研究后写成的考证文章、发表于中华书局出版的《学林漫录》上的《蒙汗药之谜》（按：不久前有人著文说《水浒传》里的蒙汗药乃子虚乌有。这是无知妄说，古代确有蒙汗药，而且今天的黑社会性质组织仍在使用）被人抄去，刊于一家科技类报纸，而且还被一家文摘报纸转载。我与某单位领导聊天时，说起此事，此公打哈哈说："有稿费大家一起花花嘛！"还有一位文友似乎一脸的肃然起敬，对我说："王兄真棒！文章发表，就有人抄，说明尊作学术质最高，社会影响大。您看我的文章，至今人家也瞧不上，没人抄。"正是这种小环境舆论氛围的熏染下，我在一次大型学术研讨会上说："比起前辈史学大师，我觉得自己够没出息的了！现在居然有人抄袭我的论文，他们这样抬爱我，真是不胜荣幸之至。"说完这句话，忽然想到诗人公刘说过：

"中国人倘没有一点阿Q精神，还能活下去吗？"不禁黯然神伤。

不过，此类抄袭行径，毕竟或数百字，或千字，像当年的孔乙己一样，属于小偷小摸，倘不欲雅训，径可斥之为鼠窃狗偷，如此而已；抄袭者也多半是孔乙己之类的无名小卒、阿猫阿狗，因此很少有原作者会与此类鼠辈计较，一笑置之而已。但曾几何时，歪风又变！其显著特征是：当年的孔乙己做梦都不会想到，功名利禄一样也不缺的博士、副教授、教授、博士生导师，也居然与鼠为伍；由鼠窃狗偷而明火执仗，公然抢劫，将几万字、几十万字的著作据为己有，胆子越来越大，气焰越来越嚣张！

以前者而论，眼前最突出的例子，就是媒体揭露的某大学中文系教授张某，剽窃青年散文家伍立杨的文章，经人著文揭露后，他居然还著文辩解，说"学问乃天下之公器"，真不识羞耻二字。其实，他要是认真读一读《孔乙己》，当无地自容：孔乙己乃科举制下牺牲品，衣食无着，偷点东西变卖，聊以果腹。台端乃堂堂教授，丰衣足食，又何须出此下策乎！

以后者而论，笔者最近碰到的一例，也堪称典型。近日在书店翻书，看到由雒启坤、韩鹏杰主编，雒启坤点校的《永乐大典精编》（一）（九州出版社1998年2月出版），标价780元。时下《永乐大典》正是媒体、学术界的热门话题，我立即将此书翻开。读了雒启坤的长达十三页逾二万字的《绪言》前几段，顿时感到奇他爸的怪了！这些文字怎么如此面熟？干脆将《绪言》全文复印回家，考证一番，弄个水落石出。当然，这属于最简单的考证：从书架上抽出中华书局1986年出版的该局老编辑张忱石先生著的《永乐大典史话》，将该书二万多字的正文部分，与雒启坤的《绪言》对照，立刻恍然大悟：原来，这篇《绪言》，除了将张忱石文的开头，加上"我们"二字，删去张文的三个小标题和文末的一段话，狗尾续貂地加了四行字一小段（按：这一小段第一句"本书是六百年来《永乐大典》第一次排印出版。"不通之至。事实上，崇祯二年，徐光启建议开设历局，用西洋测法，崇祯皇帝即命刻《永乐大典》的《日食卷》行世，故时人称"今《永乐大典》刻本惟此"。见王世德《崇祯遗录》。点校本刊于《明史资料丛刊》第五辑）外，其余二万字全部将张文照抄一遍！作为编审，张忱石先生在出版界可谓"生姜还是老的辣"，但再"辣"也哪里会想到雒启坤剽窃他的著作，是这样心狠手辣！雒启坤名不见经传，好在我在学术界、新闻出版界朋友不少，很快便了解到，此人不是别人，就是某大学中文系的副教授雒某，头上还先后有过硕士、博士头衔的。提到博士，不禁想到唐代诗人李涉的一则掌故：据《唐诗纪事》记载，李涉路过皖口西的江村井栏砂（今安庆市附近）时，遇上绿林豪杰，问李涉是什么人，同行者代答谓："李博士也。"盗魁便说："若是李博士，不用剽夺，久闻诗名，愿题一篇足矣。"李涉当即写诗一首："暮雨潇潇江上村，绿林豪客夜知闻。他时不用逃名姓，世上如今半是君。"但是，不论是当年的李涉博士，还是那帮强盗，他们岂能想到，一千多年后，堂堂的博士、教授，居然也干起文化领域的"绿林豪客"了！有的人还发了大财，买了洋房、轿车，成了暴发户。我认为，对此类暴发户，有司应当像对待生产伪劣产品坑人致富者一样，罚得他们倾家荡产，否则有朝一日，文苑真有可能发展到"世上如今半是君"了！

这里，我愿向文坛、学苑的大、小孔乙己及"绿林豪客"大喝一声：这一张旧船票，何必登上你的贼船？！

（原载《中华读书报》1999年9月3日）

"笑区区、一桧亦何能"

　　历史现象常常有惊人的相似之处。例如，南宋也有一个"四人帮"：以臭名昭著的汉奸卖国贼秦桧为首，再加上其妻王氏、万俟卨、张俊。这个四人帮并非由谁钦定，而是人民群众自发的定谳。据史料记载，杭州西湖岳飞墓前，从明朝成化年间开始，塑有秦桧夫妇的铜质跪像，正德八年（1513年），又加铸万俟卨，不久就被痛恨卖国贼的游人挞碎，后重铸，再增加秦桧的死党张俊像，四人都是双手反接，跪于丹墀，但"游人椎击益狠，四首齐落"，于是改用铁铸。以后屡毁重塑，直至"文化大革命"时被砸烂，粉碎"四人帮"后再塑，秦桧等八百年前的四人帮，依然年年月月、朝朝暮暮，在抗金将领岳飞的墓前长跪不起，遭到世人的唾骂。

　　我曾多次去西湖凭吊岳飞墓。犹忆第一次见到秦桧等四人帮的跪像，内心深处，厌恶至极；但是，我并未随着某些游人，朝这四个丑类身上吐口水，甚至扔石子。"青山有幸埋忠骨，白铁无辜铸佞臣。"岳坟前的这副名联，实在发人深思。遥忆童年，我在读小学时，就看过小说《精忠说岳》，觉得是奸臣秦桧蒙蔽了皇帝宋高宗这个昏君，害死了一代忠良、抗金英雄岳飞，真恨不能对秦桧食其肉，寝其皮；上初中后，我写的第一篇作文，就是写的岳飞是我最崇拜的英雄，对害死岳飞的罪魁祸首秦桧，严词痛斥，从而受到先师葛蒉先生的表扬。但是，50年代，我在复旦历史系求学，读了文徵明（1470—1559）的《满江红》词，不禁怦然心动。全词如下："拂拭残碑，敕飞字、依稀堪读。慨当初，倚飞何重，后来何酷，岂是功成身合死？可怜事去言难赎。最无端，堪恨又堪悲，风波狱。　岂不念，封疆蹙？岂不念，徽钦辱？但徽钦既返，此身何属？千载休谈南渡错，当时自怕中原复。笑区区、一桧亦何能？逢其欲。"文徵明以对南宋历史深刻的洞察力，一针见血地指出，作为当时主和派头子的宋高宗，其实最怕岳飞北伐成功，因为一旦出现这样胜利的局面，徽、钦二帝返回中原，宋高宗就会失去皇位，这不是"急煞人也么哥"？因此，宋高宗是必欲置岳飞于死地而后快的元凶，秦桧不过是迎了他的私欲，举起了杀害岳飞的屠刀罢了。这个别开生面的观点，对我童年时的懵懵，不啻是振聋发聩。但是，我习史的兴趣，毕竟在明清，而非宋代，并未沿着文徵明的思路去探索。

转眼间，四十多年过去，近日喜读王曾瑜研究员的新著《荒淫无道宋高宗》，不禁又勾起我童年、青年时代的岳飞情愫。说真的，此书虽长达四百六十五页，我在阅读时，却丝毫不敢马虎。这不仅在于，曾瑜是已经有三百多万字论著面世的宋史专家，《岳飞新传》《宋朝兵制初探》《宋朝阶级结构》《金朝军制》等专著，都是颇有学术成就的力作，而且无论是对历史还是对现实政治的观察，他都特别理性。最近，他在《北京观察》上发表的《腐败就是今天的国耻、党耻》一文，杂文家牧惠特地著文介绍，誉为"这是迄今为止所看到的反腐文章中最尖锐的一篇"。我一直认为，一个对历史缺乏研究的人，很难看清现实世界的神髓，而一个对现实世界稀里糊涂的人，也很难揭示历史的真相。曾瑜既以对历史与现实两个方面均能深刻思考见长，他的这部研究宋高宗的新作，能给我们带来什么新的启示呢？即以岳飞冤狱为例。王曾瑜列举铁的事实指出：岳飞蒙冤入狱后，最初负责审讯的制勘院主审官是御史中丞何铸，但尽管此人是秦桧心腹，在弹劾岳飞、排除异己的勾当中，兴风作浪，然而，在审讯过程中，当他听了岳飞的辩白，并解开衣服，背上露出了深嵌肌肤的四个大字——"精忠报国"后，终于天良发现，便去找秦桧，力辩岳飞无辜。秦桧给他亮出底牌："此上意也！"这是秦桧假传圣旨吗？非也，正是在宋高宗的批准下，万俟卨取代何铸，丧心病狂地对岳飞酷刑逼供，而岳飞宁死不屈，拒绝自诬后，遂通过秦桧上报奏状，宋高宗随即下旨，"岳飞特赐死"！并将其子岳云的徒刑也改判死刑，何其毒也！害死岳飞后，宋高宗和秦桧大肆迫害岳飞的部下和同情者。宋高宗甚至因为憎恨"岳"字，居然下令将岳州改名纯州，岳州的节镇军名岳阳军改名华容军。透过这些荒谬行径的背后，我们不是清楚地看到了如闻齿声的宋高宗的狰狞嘴脸吗？如此等等，再加上王曾瑜钩沉抉微列举的其他铁证，杀害岳飞的罪魁祸首是宋高宗，难道还不是天日昭昭，一清二楚吗？读了这本书，我们再重温文徵明的《满江红》，"笑区区、一桧亦何能？逢其欲"，不能不由衷地赞叹：此乃千古绝唱！

回首吴山旧旗风，岳坟兴废如梦中。读了王曾瑜的新著，我才更清醒地意识到，岳墓前跪着的秦桧等四人，固然是罪有应得，但明朝人设计的四尊跪像，却又不能不是难以摆脱的封建专制文化影响的产物。"令人欣慰的是，深具忧患意识的王曾瑜，近年来在治史之余，正在创作"岳飞与宋高宗系列小说"，第一卷《靖康奇耻》即将出版，第二卷《建炎风云》也已完稿。我相信，随着这些小说的传播，将来人们无论是一杯浊酒说苍凉，还是"剧对蝉声话夕阳"，提到南宋的四人帮时，肯定就会有一个正确的认识。

感谢王曾瑜的新著，启我心智，耳目一新；尽管这部浸透批判封建专制主义笔墨的专著，应该还有一系列的学术突破，我并未涉及。但是，仅从岳飞冤狱看来，他能拨开重重迷雾，揭示出宋高宗的真实面貌，使"笑区区、一桧亦何能"落到实处，就足以令我击节者再，鼓掌称快了！

（原载《文汇读书周报》1999年9月4日）

红豆、劳什子及其他
——煞风景的考证之二

　　我在读小学时，适逢"土改"，从地主的抄家物资中，捡到一本《红楼梦》，硬着头皮读了几回，觉得索然无味，那个老爱生病、生气的林黛玉，跟时常和我一起割牛草、玩耍的二丫头相比，差远了！直到上了大学，重读此书，遂废寝忘餐，梦魂相依。贾宝玉唱的那支小曲"滴不尽相思血泪抛红豆……"令我不胜惆怅。当时的《红楼梦》，对这支曲子并未详作注释。直到前几年，才有红学家在此书的新版中注道："红豆——又名相思子，大如豌豆，色鲜红。这里用以代指眼泪。"红豆怎么会与眼泪画上等号？大奇，百思不得其解。翻翻《辞海》之类的工具书，红豆确实又名相思子。但为什么叫相思子？读过《唐诗三百首》的人，都难以忘记大诗人王维的名句："红豆生南国，春来发几枝。愿君多采撷，此物最相思。"但您想过吗？寰宇奇花异卉名果多矣，为什么独有红豆"此物最相思"？清初学者钮琇《觚賸》卷七"相思子"条谓："红豆名相思子，其树之叶如槐，盛夏子熟，破荚而出，色胜珊瑚，粤中闺阁，多杂珠翠以饰首，经年不坏。相传有怨妇望夫树下，血泪染枝，旋结为子，斯名所由昉也。维扬吴薗次为吴兴太守，有词云'把酒祝东风，种出双红豆'。梁溪顾氏女见而悦之，日夕讽咏，四壁皆书二语，时因目薗为红豆词人。""把酒祝东风，种出双红豆"，想象奇瑰，堪称神来之笔。但钮琇夫子对"相思子"由来的解释，仍然是隔靴搔痒，缺乏说服力。孟姜女、祝英台的悲剧故事，比前引怨妇更感人泣下，为什么没有与红豆或相思树发生瓜葛？足见不足信也。据80年代初《新民晚报》的一则报道披露，郭沫若——啊，时下颇有几个以打倒他为时髦的天才——

对王维笔下的红豆究为何物，曾经思索过，并在广东做了考查，后在鼎湖山找到了一种叫海红豆的植物，又称孔雀树、相思树，树高可达二十余米，"秋季果熟，其种子自然跃出果壳，呈朱红色，形似跳动的心脏。"郭沫若亲眼看到了红豆的形状后，肯定心领神会。但他却没有写出文章，回答何故"此物最相思"。我想，这是因为郭沫若已经年迈，而且身居要津，要将红豆的实际形状说出来，是不便启齿的。事实上，说红豆"形似跳动的心脏"，并不确切。那么，到底形似什么？古人早已用生动、形象的语言，向我们描绘过、暗示过。清初屈大均的名著《广东新语》卷二五"红豆"条载谓："红豆……其木本者，树大数围，结子肥硕可玩。万红友（按：清初宜兴诗人、剧作家）……有赋云：……检轻红于槭畔，莞榴粒之羞园。嘅荬肥之输茜，混火齐而光搀……"云云。如果您还不明白，觉得此赋用词隐晦的话，那么您读了明朝学者、才子杨慎托名汉朝人写的《汉杂事秘辛》中描绘东汉桓帝选妃，看中大将军梁冀的女儿梁莹，由皇太后派一妇女，详细检查梁小姐的身体，并作记录，其中有这样一段文字，您就会恍然大悟："……阴沟渥丹，火齐欲吐，此守礼谨严处女也。"（见清知虫天子辑：《香艳丛书》三集卷二）原来，刚采撷下来的成熟的红豆，形状酷肖处子的阴蒂，怪不得王维在诗中说"愿君多采撷，此物最相思"。王维亦官亦隐，生活奢靡。他的这首脍炙人口的《相思》诗，其实是一首道道地地的艳诗。著有《香奁集》的风流诗人韩偓，更赤裸裸地在《玉合》诗中写道："……中有兰膏积红豆，每回拈着长相忆。"（《全唐诗》卷六八三）唯其如此，红豆才会成为风月场中的礼品。如明代杭州有个浪子，"与一妓交好，及别后，少年以相思子作绿纱囊寄之，以表相思之意。"（明·田艺蘅：《留青日札》卷三二"相思树"条）这对王维的前述诗句，是个很好的注释。还需向读者坦诚相告的是，我虽蠢笨如牛，但"好古之心人皆有之"，曾在广东从相思树上采下红豆，仔细观察，顿悟王维诗句所指，感叹大千世界"造化钟神秀"，红豆乃植物中之尤物也。联想到某些学者对红豆不作仔细考证，想当然地作风马牛式的注释；远的不说，今日人们以红豆作人名、艺名、室名、书名、商品名、饭馆名、别墅名等等者，不可胜计。倘若他们知道红豆的典故、王维诗句的本义，岂非煞尽天下风景乎！

说不尽的《红楼梦》。伟大的文学家曹雪芹——啊，有多少人靠他当上了专家、学者，以及呱呱叫的炒红学冷饭的得心应手者，吃饱了撑的仅知道林妹妹是宝哥哥表妹就声称自己在研究红学的附庸风雅者——笔下有多少奇妙的物事有待我们去认真诠释、考索，否则便莫名其妙。如第三回写贾宝玉初次与林黛玉会面，见黛玉没有"通灵宝玉"，便摘下挂在头颈上的"通灵宝玉"狠命摔去，说："我也不要这劳什子了！"何谓"劳什子"？红学有注解为："如同说'东西'·'玩意',含有厌恶之意。"《现代汉语词典》则解释为："也作牢什子"，"使人讨厌的东西。"《辞源》的解释是："东西、家伙。有轻视、厌恶的意思。也作……捞什子。"这些解释都不太准确，更没有指出此词的来源。说"劳什子"有"家伙"之意，更令人费解。不知是否受故老相传的这则民间笑话的影响？谓：有老翁老妪苟合，老妪笑指老翁男根曰："这劳什子是啥？"翁答曰："老家伙嘛！"然而，"家伙"与"劳什子"原意相差远矣。70年代初马王堆出土了竹简《天下至道谈》，共五十六支简，每支简上文字多为三十余字。这是非常古老的房中术著作，系统地论述了性保健、性治疗。经过专家整理、排列后的该书第十段，是讲男女交合"十修"的，其中第四"修"是"四曰旁（劳）实"。先秦史、古文字学者考证后认定，"劳实"乃摩弄阴蒂之意。随着时间的推移，演化为"劳什"，及其他一些同音词。至今在江浙口语（尤其是民间）中，仍流行此词，多作贬义。但是，乡间已用"×心子"代替"劳实"了。看来，曹雪芹也不知道"劳什子"一词的历史变迁。否则他怎么好意思让宝玉、黛玉口中说出如此不雅之词？我国古老的性文化，对于政治、文化等，都曾打下深刻的烙印。马王堆的出土文物，应当受到包括红学家在内的社会科学学者们的广泛关注，吸取其研究成果。前贤的"于学无所不窥""博大精深"的优良传统，在时下的学界正日趋丧失。奈何！

孔夫子讲究"每事问"。连亡国之君崇祯皇帝也好学深思，不懂的就向他人请教。如街市"买东西"，他就很奇怪，为什么不说"买南北"，而只说"买东西"呢？我想，即使三百多年后的今人，也很少有人会发现、思考这个问题的。当时，崇祯曾派宦官就此问题请教词臣，无人能够解释。只有辅臣周延儒回答了，"然亦太穿凿。"（清·龚炜：《巢林笔谈续编》卷上）联想文坛，某些作者读书不多，却懒于或耻于"每事问"，跟着自己的感觉走，以致捉襟见肘。前两年某小说家梦中作诗，与黄庭坚同，却不知黄公有此诗，竟将因有名句"桃李春风一杯酒，江湖夜雨十年灯"的此诗创作权，归到自己名下，成为文坛笑柄，至今很多读者还记忆犹新。其实，他要是读过当代小说史之类的著作，或者翻过一些相关的目录，就会知道张祖传（笔名司马紫烟）就曾经为诸葛青云代笔，写过一部武侠小说，书名就叫《江湖夜雨十年灯》。当然，缺乏某些诗词、小说史常识也不要紧，打个电话问问文学史专家，不就一清二楚了吗？事实上，现在有不少作家自我感觉太好，以精神贵族自居，不亦妄乎！其笔下涉及文史者，每每一经行家考证，便大煞风景，这样败兴的事，我们还见得少吗？

一本回忆章士钊老人的书，竟然这样写道："父亲一定很失望，他的内心也一定还是孤独的，就像他晚年为自己所起的号——'孤桐'一样。"我为作者对其父如此缺乏常

082 / 续封神

识感到吃惊。章士钊老人年轻时与别人唱和诗，就已署"孤桐"二字，后来作文，往往也署"孤桐"。这多半源于白居易的《云居寺孤桐》诗："一株青玉立，千叶绿云委；亭亭五丈余，高意犹未已……寄言立身者：孤直当如此！"不知白居易此诗倒也罢了，但书架上伸手可得的鲁迅《华盖集续编》，收有他1926年写的《为半农题记〈何典〉后作》，文中不是分明地写道"我……又做过几年官，和所谓'孤桐先生'同部"吗？章老怎么会几十年后，在"文化大革命"中才给自己号孤桐！我知道作者是学外语的，无意苛责她文史书籍读得太少。但是，她在成书前，如能打个电话请教一下历史学家，或研究其父的老对头鲁迅的专家，又何至于犯这样的常识性的错误？

环顾学界、文苑，有不少人不是"失落在枫桥边"，而是失落在浮躁的学风里！

（原载《中华读书报》1999年9月15日）

·贰·

反贪诗话

海瑞宦囊

批鳞直夺比干心，
苦节还同孤竹清。
龙隐海天云万里，
鹤归华表月三更。
萧条棺外无余物，
冷落灵前有草根。
说与旁人浑不信，
山人亲见泪如倾。
——明·朱良

　　历史上的清官有真有假。明代的海瑞，无疑是货真价实的清官。当时的政界、知识界，不少人都不喜欢他，包括大名鼎鼎的内阁首辅（相当于宰相、总理）张居正，认为他过激，始终不予重用；一些江南文人，对海瑞用泥巴刻图章、卧草席、无蚊帐等极其简朴的生活，不但不钦佩，反而攻击他是虚伪的道学行为。真乃难矣哉，清官也。但比起此辈，

海瑞堪称是世人仰止的高山。为官究竟清不清？关键看其宦囊轻不轻！海瑞卒于官舍后，竹笼中仅有俸金八两，葛布一端，旧衣数件，朋友们含泪凑钱，才为他办了丧事。目睹海瑞遗物及丧事的朱良，怕说给别人听，谁也不信，才感慨万千地写了这首诗，为海瑞作证。环顾古今大小官员，能"萧条棺外无余物""苦节还同孤竹清"的，又有几人哉？尽管他们口称"清廉如水""甘当公仆，鞠躬尽瘁"，死后祭文、悼词上均恭维"高风亮节""一尘不染"云云，但比起海瑞，相差何止十万八千里！正是：

为官究竟清不清？

且看宦囊轻不轻！

嗟叹海瑞贫如洗，

难怪朱良泪如倾。

（原载《北京观察》1998年试刊第2期）

时人为官吏语

知县是扫帚，

太守是拼斗。

布政是叉口，

都将去京里抖！

——明·民谚

　　这首明代中叶的民谚，深刻地揭示了明中叶后小官小贪、大官大贪、几乎无官不贪的官场腐败状。耐人寻味的是，戴冠先生在记录这首民谚前，写道："太平之世，人皆志于富贵，位卑者所求益劳，位高者所得愈广。然以利固位，终不能保其所有。故时人为之语曰……语虽粗鄙，切中时弊。"诚哉斯言。明代的"以利固位"者，高官如严嵩、张居正，权宦如刘瑾、魏忠贤，贪污受贿，最后都从权力的高峰上摔下来，跌个粉身碎骨，又岂止是"都将去京里抖"！虽说，我们今天的社会是社会主义社会，与封建社会不可同日而语，但是，在官本位这一点上，却有"惊人的相似"。

从"七品芝麻官"到"封疆大吏",陈希同之流的贪污腐败是有目共睹的。法网恢恢,疏而不漏,当代形形色色伸手大捞、妄图"以利固位"者,应当猛省矣!正是:

奈何邪花节节高,

腐败升级民心焦。

幸有天网疏不漏,

妖孽终究照天烧!

（原载《北京观察》1998年试刊第3期）

《黄莺儿·应世难》

《黄莺儿·应世难》
我欲守清廉，
守清廉物议潜，
无瑕常被青蝇玷。
贪图的善谦，
清廉的惹嫌，
舌糖口蜜腹中剑。
但出尖，一拳两脚，推倒大家拚。

——明·薛论道：《林石逸兴》卷四

翻开二十四史，我们就会无奈地发现，真正的清官，不过几十人，何其少也！这里姑且不论，如有的史家所指的那样，清官乃不祥之物，人民不可能从清官身上找出历史出路。但无论怎么说，清官洁身自好、生活俭朴、敢与贪赃枉法之徒斗争的崇高品质，堪称世人的楷模。但是，出现一名清官，又何其难也！薛论道这支小曲，正是写出明代后期人

欲横流、"上下交征利"、官场腐败、贪官污吏横行的背景下"我欲守清廉"也就是当清官的无奈。所谓"物议潜",就是遭到舆论的抨击，如著名清官海瑞，当时就被一些人污蔑为奸伪、钓名沽誉的刻薄之徒；所谓"无瑕常被青蝇玷"，就是明明你没有问题，却偏要在你身上找出问题来，就像被苍蝇在身上拉下屎；"但出尖"，也就是你刚露出清官的苗头，马上就被恶势力包围，拳脚交加，"推倒大家捋（音闲，扯、拔意）"，让你体无完肤，很难翻身。而那些贪官，一脸谦和，满嘴好话，飞黄腾达，有滋有味。我们今天的社会，与几百年前腐朽的大明王朝，自然不可同日而语。但是，读一读这支小曲，我们仍然会受到启迪：没有严明的法律保障、对贪官的严惩不贷、良好的舆论氛围，干部队伍要保持清廉，谈何容易。须知，两袖清风，毕竟面对的是穿过原野、越过林梢、呼啸而来的不正之风！正是：

贪风起兮云飞扬，
几多官吏心彷徨。
今日重读《黄莺儿》，
嗟叹清官不久长！

（原载《北京观察》1999年第1期）

贼诗

南宋福建有个海盗叫郑广，后投降，做了官。也许是同僚苦其所难，要他一定做首诗。郑广是个大老粗，只好说："不问文官与武官，总一般，众官是做官了做贼，郑广是做贼了做官。"

——南宋·岳珂：《桯史》卷四

海盗郑广降后做官，无足称奇。因为在宋朝，强盗降后做官，屡见不鲜，包括因《水浒传》风行天下而妇孺皆知的宋江。故当时有顺口溜曰："欲得官，杀人放火受招安。欲得富，需胡做，跟着行在卖酒醋。"（宋·庄季裕：《鸡肋编》）令人称奇的是，郑广虽戴上了乌纱帽，但倒没有立刻打官腔，在打油诗中实话实说，一语道破了南宋贪官们的本质："众官是做官了做贼！"他们与普通盗贼的区别，用明朝人的话说，不过是"不持戈矛之盗"，或"头戴乌纱之贼"而已。应当说，他们凭借手中的大权，巧取豪夺的民脂民膏，又是区区盗贼所能望其项背！此辈乃名副其实"官贼"也。

"官贼"难绝种，自有后来人。陈希同、王宝森之流，实乃"今古何殊貉一丘"。当然，"萧条异代不同时"，他们多了个"公仆"头衔、"社会主义"旗号、"马克思主义"外衣，不过，纯属冠冕堂皇，卖狗悬羊！

（原载《北京观察》1999年第2期）

剥地皮

昔有一官甚贪，任满归家，见家属中多了一个老头，问他是何人？老头答道："我是某县土地公。"复问何故至此，老头说："那地方上地皮都被你剥将来，教我如何不随来！"

——清·石成金：《笑得好》二集

透过这则笑话，贪官之贪，如见肝肺矣。贪官有大有小，一般说来，与权力成正比。手中所操生杀予夺之权越大，贪污的钱财便越多，谓予不信，试看明代的大宦官刘瑾、魏忠贤，清代的权奸和珅，从他们家抄来的黄金、古董、珍宝等等，折成银两，在当年简直是天文数字。有的地方官，虽然权力不大，但贪心特大，恨不能将所辖一方财富，统统归入私囊。对某些铨选之官——也就是花钱买来的官们来说，做官本身就是买卖，一上任，即赶紧搜刮民脂民膏，把买官时的本钱先赚回，然后再大肆榨取，力求利上加利。这样的官，最为百姓痛恨，乃政界奸商也。昔人有咏回任官诗，刻画此辈颇生动、辛辣，现抄录如下：

来如猎犬去如风，

收拾州衙大半空。

只有江山移不动，

也将描入画图中！

（原载《北京观察》1999年第3期）

田景咸佚事

田景咸（按：太原人，历仕后汉、后周，宋初为左
骁卫上将军）性鄙吝，所至聚敛为务，家财累巨万，未
尝辄有与施。每使命至，惟设肉一器，宾主共食之。后
罢镇，常忽忽不乐。妻识其意，引景咸遍阅囊储，景咸
乃欢然自释。

——南宋·贾似道：《悦生随抄》

田景咸堪称是贪官的典型。一是贪污成性，却一毛不
拔，悭吝至极；二是心中除钱财外，不知有他物，罢官后，闷
闷不乐，但其妻给他看了那些搜刮来的大、小金库后，立刻
心花怒放。可以毫不夸张地说，钱财就是田景咸的心肝、灵
魂、命根子，他空有人的躯壳而已！具有讽刺意味的是，记
载田景咸贪鄙状的这条史料作者，居然是南宋臭名昭著的
权奸、国贼贾似道。理宗时，其姊为贵妃，遂攀裙带爬至右
丞相高位，元兵攻鄂州，他割地、纳币求和，却虚构鄂州围
解，入朝后，愈专权、跋扈。度宗时，以太师平章军国事，封

魏国公，权倾一时。他却终日在西湖寻欢作乐，与群妾斗蟋蟀，大小朝政，均交府中帮闲处理，寇深祸急，无动于衷。最后在元兵铁蹄逼近建康（今南京），宋军兵败如山倒后，贾似道垮台，为郑虎臣所杀，亦说跌入粪坑淹死。显然，这样一个腐败分子，在所著《悦生随抄》中嘲笑田景咸实在是大巫嘲小巫，一百步笑五十步。这样的历史讽刺，也是屡见不鲜。陈希同在台上做反贪报告，不是比贾似道更煞有介事吗？正是：

田贾二贼化烟尘，
腐败犹有后来人。
蛆虫孳生需常扫，
历史警钟当长鸣。

（原载《北京观察》1999年第4期）

"黄米"·"白米"

太监李广以左道见宠，及死，上意其所藏必有奇方秘书，搜其家，得纳贿簿籍一帙，中云：某送黄米几百石，某送白米几千石，通计数百万石。上询左右："广所食几何？乃受许多米！"对曰："黄米即金，白米即银。"始悟广赃滥。

——明·李绍文：《皇明世说新语》卷八

李广是明代弘治年间臭名昭著的太监，大权在握。他以符箓祷祀蛊惑孝宗，矫旨授传，奉官，四方争纳贿。又擅夺畿内民田，专盐利巨万。他用贪赃枉法攫取的巨大财富，建豪宅，引玉泉山水，绕宅一周，靡费惊人。对于李广的贪污腐败行为，廷臣曾交章弹劾，但孝宗无动于衷。后来因用符水治死出痘花的小公主、在万岁山上建毓秀亭等事，激怒太皇太后，说："今日李广，明日李广，兴工动土，致此灾祸，累朝所积，一旦灰烬。"李广闻之魂飞魄散，知无生路，饮鸩自杀。死后抄家，这才引发出"黄米、白米"的故事，使李广的

贪赃嘴脸，彻底暴露在国人面前。孝宗朱祐樘，还是明朝比较好的皇帝，竟然在他的眼皮底下，活动着李广这样的大贪污犯，比较差的皇帝、坏皇帝手下，更可想而知了！显然，只要以皇权为核心的封建专制制度存在，就会不断孳生出李广之流贪污腐败者，他们榨取的"黄米""白米"越多，贫苦百姓不但连真正的黄米、白米也吃不上，恐怕还能咽糠、吃野菜，就算不错了！正是：

"黄米""白米"万民血，

玉盘佳肴百姓膏。

烛泪落时民泪落，

欢声到处哭声高！*

*后三句诗乃1948年南京大学生反蒋游行诗句。

（原载《北京观察》1999年第5期）

萧何之贪

萧何（前257—前193），汉初重臣。久演不衰的京剧《萧何月下追韩信》，使萧何成了妇孺皆知的人物。稍有历史常识者皆知，萧何乃汉初法律专家：刘邦义军攻入咸阳后，他收取秦政府律令图书；刘邦称帝后，他身居相国高位，定律令制度，对巩固汉王朝起了重要作用。并著有《九章律》，惜已佚。然而，正是这个萧何，知法犯法，行贿受贿。早在秦末，他任沛县吏时，即曾贿赂时任亭长的刘邦。"吏皆送奉钱三，何独以五"，堪称是重贿。尤有甚者，后来他凭借相国权势，强行以贱价购买大量长安百姓田宅，价值数千万之巨，并公然收取商贾贿金，出面向刘邦请求开放上林苑皇家禁地。对此，刘邦一语道破曰："今相国多受贾竖金而为民请吾苑，以自媚于民。"（《史记·萧相国世家》）正是：

> 月下追韩名贯耳，
> 行贿受贿几人晓？

堂堂相国也贪赃，

天若有情天亦老！

（原载《北京观察》1999年第6期）

怎么办

> 鸡鸣喈喈,鸭鸣呷呷,县尉下乡,有献则纳。鸡鸣
> 于时,鸭鸣于此,县尉下乡,靡有孑遗。鸡既烹矣,鸭
> 既羹矣,锣鼓鸣矣,县尉行矣。
>
> ——宋·周遵道《豹隐纪谈》

墨吏下乡,鸡鸭遭殃,自古及今,屡见不鲜。不久前,曾
见报上有漫画:某官小车刚露头,打谷场上鸡鸭便魂飞魄
散,争相逃命,咸颤声曰:"此人上次来,我类十余位弟兄惨
遭毒手!"所画乃实情也。但此类杀鸡宰鸭,大吃大喝,虽
扰民,尚属小焉矣哉。古之贪吏视察、郊游、省亲,下属对其
索要吃喝、古董、钱财、美妓等等,不胜其烦,贫困小邑,更
是不堪负担,不知怎么办,急得团团转。时至今日,墨吏之需
索,随着物质文明之现代化而追求超级享受,反正有下级公
款报销,又何乐而不为,何为而不乐?东北民间有顺口溜,叫
《怎么办》,曰:"先到酒楼吃顿饭。酒醉饭饱怎么办?卡拉
OK唱一段。卡拉唱好怎么办?再到桑拿涮一涮。桑拿涮好

怎么办? 找个小姐按一按。小姐按好怎么办? 问问小姐干不干。小姐干好怎么办? 公款结账算一算。"我曾将此谣念给官场、商界朋友听, 彼辈认为颇真实, 有的还亲手操办过, 动辄万元。如何才能刹住此歪风? 真不知该怎么办也! 余听罢, 亦唯有叹息而已。

（原载《中国职工教育》1999年第7期）

李猫

　　古今贪官善变，具有多种面孔，唐朝武则天及高宗时曾先后任宰相的李义府，更堪称典型。据《旧唐书》卷八二《李义府传》载，此人"貌状温恭，与人语必嬉怡微笑"，亦即不笑不开口者，但颇阴险，对"微忤意者，辄加倾陷，故时人言义府笑中有刀。又以其柔而害物，亦谓之'李猫'"。这便是成语"笑里藏刀"的由来，李义府真乃永臭不朽矣。但"李猫"也好，"笑中有刀"也好，李义府决非仅系猫态

狼心、迫害政敌之笑面虎而已。更令人发指者，此人贪赃枉法，对民脂民膏，可谓狼吞虎咽、剔骨吸髓。史载他当上宰相后，贪污受贿，卖官鬻爵，连其母、妻、诸子、女婿，无不卖官，"其门如市""倾动朝野"（《资治通鉴》卷二〇〇）。呜呼，此"猫"，此"刀"，又何其毒也！正是：

"且灭嗔中火，
休磨笑里刀"*，
纵使成猫精，
也将照天烧！

*白居易诗句。

（原载《北京观察》1999年第8期）

清官之难

　　公（按：指清官张玮）卒于京师，桐棺归昆陵（按：今常州），停于荒寺。余亲往哭之，家无几案，夫人卧病，疾无药饵，后竟以饥寒殇。公平日言曰：为清官甚难，必妻子奴仆皆肯为清官，而后清官可为，不然则败其守矣。

　　　　　　　　　　　　——清·余怀：《东山谈苑》卷三

　　贪官之对立面，乃清官。古往今来，贪官多得不可胜数，而清官却少得屈指可数。谓予不信，请随便翻翻二十四史人物传，便知。清官何故如此之少？发人深思。窃以为，重要原因之一，乃在于官之小环境如何，亦即妻儿、部下，是否贪心。若老婆、孩子成天念叨好吃好喝，穿金戴银，并与他人比较，说某某仅为七品小官，现已置下粮田千顷，某某仅为县主簿（相当于今之秘书科长），已置下绸缎铺、木材行；僚属则动辄谓有权不用，过时作废，过了这村，便无此店，赶紧能捞则捞，反正天知地知，你知我知，天网虽大，毕竟多漏。试想，在此小环境下，为官欲冰清玉洁，又谈何容易！故张玮先生"为清官甚难"云云，乃肺腑之言也。其夫人竟饥寒交迫而死，更令人感慨万千！正是：

　　　　表壮里也壮，
　　　　家业才兴旺。
　　　　重视小环境，
　　　　廉政不可忘！

（原载《北京观察》1999年第9期）

江一麟夫妇相规

明代婺源的江一麟，在地方做官有廉声，被调至京中任部郎。将北行，他取出俸银十两，令州民赵锷修船。及登舟，见修理一新，问花了多少银子？赵锷说十两。江一麟不信，认为十两银子不够，便暗查各色工匠费，实际上花了二十多两银子。于是又取银六两，扇子三十把，墨二斤，折银四两多偿还。赵锷不肯收，但因江公坚持，只好收下。江夫人一向贤惠，谓公曰："既知十两，即当如数偿之，而别以扇墨酬其劳可也，何必又用这些折银？"江公不禁脸红，赶紧又补了四两银子，赵锷更加不敢收下。江公生气地说："乃使我不如一妇人耶？"清初作家龚炜对此评曰："予以公之偿锷已足，夫人犹以为歉，公以夫人之语，而犹以不如妇人为嫌。其平日之善善相规，施德于民者尽哉！"

——清·龚炜：《巢林笔谈》卷二

江一麟夫妇相规，何其难得也。自古及今，清官之妻，鲜有不以清贫自守者，否则其夫欲当清官，难矣哉。而历数贪官，从未闻其妻有清贫如水者。由此可知，为官之道，后院颇重要，若有贤妻时时规劝，甚至切磋治国爱民之道，其夫又岂能"因嫌纱帽小，致使锁枷扛"，"金满箱，银满箱"，转眼垮台全抄光！正是：

　　　　妻贤淡泊在陋巷，

　　　　居家严分公私账；

　　　　后院倘若有贪婆，

　　　　清官肯定无指望！

　　　　　　　　　　（原载《北京观察》1999年第10期）

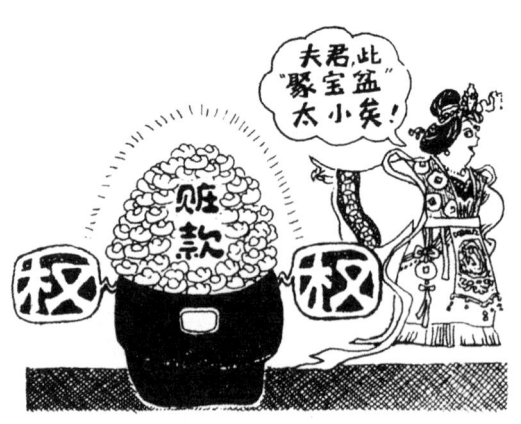

以仕为贾

自苏师旦以韩氏书史受诸将贿，至今吴人好游托权要起家。永乐时，附于权臣纪纲者，有陈湖陆氏、张氏；正德间，附于阉人刘瑾者，有汤氏。家无担石者，入仕二三年，即成巨富。由是，莫不以仕为贾。而求入学庠者，肯捐百金图之，以大利在后也。陆冢宰黩货万余，以宸濠党谪戍。陆太守营新宅甲吴中，今归他人。天道虽不爽，而贪者尤甚。然持谦而不营产者，则目为痴。

——明·黄省曾：《吴风录》

以仕为贾，可谓道出了封建社会做官的本质。王亚南先生在名著《中国官僚政治研究》中，指出中国官僚政治的特点，是官、绅、商一体，这个结论至今亦未过时。所谓"望子成龙"，主要就是望子长大成大官、高官，只要大权在握，即使当个清官，也能"斗大元宝滚进来"，而且滚动无已。求学包括捐纳而得来的监生之类头衔所花费用，比起做官时

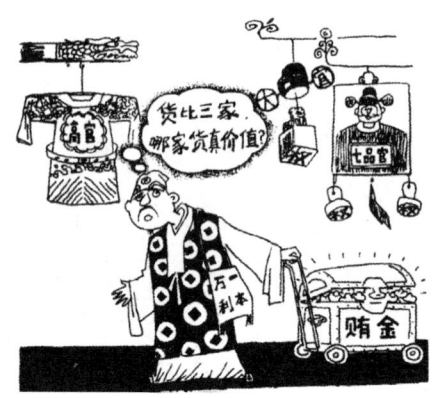

所获，真个是一本万利、十万利。应当说，古代任何买卖，都不及当官这买卖获利大，获利快。前两年，有人著文为批判"书中自有黄金屋"翻案，若从知识可创造财富论，自无不可；但如果由此为"一举成名天下知"、从此发财多良机也大声喝彩，则显然谬之千里。明中叶后，社会风气腐败，几乎无官不贪，故以贪为智，以贪为识时务，不贪反而被人"目为痴"，也就是看成傻子。这样的社会，自然只有一个结果：演变至明末，河决鱼烂，土崩瓦解！正是：

> 天下贪墨多如麻，
> 妄将做官作商贾。
> 官邸既成黄金窟，
> 小民安得不破家？！

（原载《北京观察》1999年第1期）

县官卖酒

[驻马听]画戟高牙,不比寻常卖酒家;香车驷马,非同小可泼生涯。草刷儿斜向县门插,布帘儿飘飐谯楼下。忒清高真秀雅,把厅堂净扫新装榨。

[雁儿落]一个酒太公将象简拿,一个店小二把金鱼挂。一个打壶瓶使了锡镴牌,一个盛碗盏占了文书架。

[得胜令]一个掌柜的坐官衙,一个写账的判花押,一个承印吏知钱数,一个串房人晓算法。这一个呆瓜,不吃酒便要当堂骂;那一个油花,不还钱就将官棒打。

[沉醉东风]一个个攮账的翻盆弄瓦,一个个少钱的带锁披枷。假若系良民且索休,是穷鬼饶他罢。账难清屡次驳查,展转那移下笔差,定问拟知情枉法。

——明·冯惟敏:《海浮山堂词稿》卷四附录《双调新水令》

《县官卖酒》是明代嘉靖年间著名词人冯惟敏写的一组套曲，前有长序，[沉醉东风]后尚有[水仙子]、[折桂令]、[离亭宴歇拍煞]三曲，限于篇幅，未引。冯惟敏是嘉靖时人，做过涞水知县等小官，后因事被罢职。他的这组套曲似是游戏笔墨，因为在明朝的实际生活中，有过颇有点神经兮兮的正德皇帝开酒店之事，并无县官卖酒的行径。但是，作为痛恨腐败、关心民瘼的文学家冯惟敏，此作仍不失为现实主义的杰作。其实宋朝确实有过县官卖酒的荒唐事儿，大学者杨龟山曾痛斥"此最为害政"。更重要的是，从明朝直至今日，县官及上下左右，利用权力做官商、官倒，强买强卖，从中渔利肥私者，又何尝少见？只是比起动辄贪污受贿以数十万、数百万计之大官商、官倒，县官卖酒，已属小打小闹矣。正是：

休将此曲作笑谈，

权钱交易民心寒。

官商官倒亦何多，

廉政肃贪莫畏难！

（原载《北京观察》1999年第12期）

叁

文海一粟

江楼犹存人何在

　　犹忆童年时，不知当着小学教员的长兄，从何处借来一本丰子恺先生的漫画集，我读后爱不释手。最令我惊奇的是，画面上的人物，常常五官不全，却表情十足。后来，我又在长兄的书籍中，胡乱翻出几本开明书店的《中学生》杂志，从中读到丰子恺先生的散文，特别是那篇写老师指导乡间少年用蚕豆梗制作笛子的故事，更令我惊喜万分。我曾如法炮制了一根，虽音阶不准，但毕竟能呜呜作响。从此，我成了子恺先生的忠实读者。进了中学后，有条件更多地读到他的漫画、散文作品，逐渐悟出子恺先生作品中悲天悯人的博爱情怀，清淡如水、真挚隽永的文风，感染、抚慰了多少读者！他不愧是一位铸造灵魂的大匠。

　　1998年，是子恺先生的百年诞辰。他的故乡以及上海、杭州等地，文学界、出版界都有种种纪念活动。在出版物中，我最偏爱的是陈星、朱晓江编著的《几人相忆在江楼——丰子恺的抒情漫画》（山东画报出版社出版），虽然只有二百零一页，但品位甚高。有的画，一看标题，就难以忘怀，如《眉眼盈盈处》《人散后，一钩新月天如水》《燕子飞来枕上》《一肩担尽古今愁》《几人相忆在江楼》等等，更何况子恺先生的画，虽寥寥几笔，却栩栩如生。

值得称道的是，陈、朱二位，对每幅画都有简明扼要的介绍，或交代创作背景，或评介画境，有几篇，称得上是一流的短随笔，实在可喜。

江楼犹存人何在？弹指间，离子恺先生作怀旧友的《几人相忆在江楼》已过七十三年了，前辈文采风流，怎不使人临风怀想！

（原载《瞭望》1999年第7/8期）

又是秋深蟹肥时

　　西风渐紧，重阳已过。遥忆童年，在老家建湖县水乡，这时的螃蟹，一个个"膀大腰圆"，最大的，蟹壳有小碗口那样大，两只就将近一斤，煮熟后，它的"黄"呈金色，香气诱人，蟹腿只需咬断两头，用嘴一吸，肉便入口，不需佐料，五味俱全。蟹豆腐更是美食中的一绝。家母将蟹洗净，撕碎后，在盆中捣烂，然后用清水在麻布上将蟹汁过滤至盆中，再倒入锅中，用文火煮，不一会就凝固起来，捞出，切成块状，便成了蟹豆腐。倘做汤，将蟹豆腐倒进锅中，加水，煮沸后，放些韭菜叶，宛如翡翠拥白玉，真正是色、香、味俱佳，而其鲜美更是无与伦比，今日思及，不禁食指频动。

　　其实，吃蟹时鲜美可口的感觉，远不及捉蟹时的兴趣盎然、时有惊喜。那时故乡的田，还没有"水改旱"，也就是把一年只收一季稻、全年泡在水里、俗称沤田的水田，改成稻、麦两季的旱田。走在田埂上，四面皆水，如临泽国。水田里有太多的螃蟹。夏末秋初，稻子还没有成熟，螃蟹却渐渐大了。在田埂上，蟹们打了很多窟，在窟中安居乐业。抓这样的蟹太容易了：扯一把青草，塞在窟口，再糊上烂泥，不消几分钟，蟹因窟中空气稀薄，艰于呼吸，便会爬至窟口，而且多半已昏昏然，逮住它，真是不费吹灰之力。但是，如不小心，扯断了蟹的一只脚，这个窟就再不会有蟹钻进去；反之，就仍会有新的蟹入户此窟。因此，田埂上有无数蟹窟，但究竟哪些窟中有蟹？学问可大了！全凭仔细观察后积累的经验。童年的我们，对此是保密的，各有各熟悉的、几乎十拿九稳的蟹窟。也正因为如此，家乡流行过这样的歇后语："熟窟好挀（俗字，掏、抓之意兼而有之）蟹。"放学回家，我和小伙伴赤足走在田埂上，不时抓几只蟹回家解馋，真乃其乐融融。

又是秋深蟹肥时！但是，由于生态环境的变化，故乡的稻田里，早已没了蟹的踪影。回首往事，不禁怅然久之。

（原载《盐城晚报》1999年11月29日）

城市山林

　　所谓城市山林，就是城居乡村化、园林化。这是现代城市文明的重要标志，也是城市居民的理想境界。四年前，我从京西风尘仆仆地搬到京南定居，在很大程度上，正是为了想在城市山林的环境中陶冶情操、颐养天年。这是北京最大的住宅小区，下辖的若干楼群，分别称为某某园。这里的绿化不错，多数楼群均有草坪，种植花卉，主要通道上垂柳依依，槐花飘香，是晨昏月夕散步的好去处。虽说这里没有像样的假山，但乘电梯至高层远眺，西山群峰，历历在目，看着夕阳的余晖将大山、原野染红，然后从天际消失，心头平添了几分温馨，几分闲适。

　　但是，严格地说，这儿离真正的城市山林，还相距甚远。城市山林一词，见于明代中叶以后的文献。这并非偶然。明朝中叶，随着经济的发展、城市的繁荣，园林勃兴。特别是在富庶的江南，追求都市村庄化，绿亭朱栏、小桥流水、茶酒争香、丝竹盈耳，构成中国城市史上独特的文化传统。反观我所在的住宅区，尽管著名文化人不少，但连找一处品茗聊天的茶馆都属枉然，更遑论其他。夜总会、大饭店的灯红酒绿及卡拉OK，几乎将园林情调湮没殆尽。

显然，借鉴优秀的园林传统，提高城居的文化品位，让城市山林与我们朝夕相伴，共度年年岁岁，并非是一件多余的事。

（原载《人民日报·海外版》1998年1月23日）

神女应无恙

　　近日应邀去奉节县参加三国文化研讨会，得以畅游三峡。两岸群山起伏，势若龙蛇，翠峦叠嶂，云雾缭绕。快艇在浩荡的江面上飞驰，目迷秀色，美不胜收。在名震遐迩的白帝城，我俯览夔门，但见万里长江，至此顿形变窄，进入狭长的三峡；宛如彪形大汉，忽然被立刻减肥。乃戏作打油诗一首，曰：长江本是昆仑汉，行至夔门顿瘦腰。神女难销英雄气，千古依旧浪滔滔！

　　虽说诗无达诂，但"神女难销英雄气"，实在令我惆怅久之。是的，巫山神女峰仍然朝朝暮暮，在彩云岚气中，伫立江畔，迎朝晖，送晚霞，看不尽长江滚滚去，无数英雄竞折腰。可是，当年隐约可闻的"猿啼三声泪沾裳"，引起她一怀愁绪的猿声，早已随风而逝，无影无踪；那夜来催她入梦的阵阵松涛，也随着对林木的滥砍滥伐，成了消失在茫茫银河的昨夜星辰；不知从何时起，她最赏心悦目的"遥看天际碧水来"的长江，怎么会成了黄水翻滚的巨龙？而一片片一团团的垃圾，随波逐流，岂不是大煞风景？——啊，我为神女叹息。常言道，红花还需绿叶扶。倘让一位绝世佳人，站在光秃秃的岩石上，在她的脚下，倒上垃圾，佳人还能"天生丽质难自弃"吗？即使"爱江山更爱美人"的英雄，恐怕见之也要怅然若失，再不会气短了。

"神女应无恙"——应当让神女峰象征的三峡之美无恙！愿早日再现瞿塘峡的树高林密，群猿长啸；江水重清，可以濯足……盼望这一天早日到来，我也坚信这一天为期不远。届时，巫山神女将会有更多的游客为之魂牵梦萦，包括笔者在内。

（原载《海南日报》1998年7月23日）

樱花·梅花

最近,日本东京的一位文友,在来信中盛赞蜚声国际的著名历史学家、明史专家山根幸夫教授的清德,很多留日、访日的中国学生及学者,都曾受到他的热情接待:或充当经济担保人,或写学术推荐书,或著文评价作品,等等。作为明史同行,我对山根先生并不陌生。80年代初,他执教东京女子大学,曾应邀来中国社科院历史所明史研究室做学术报告。这是我第一次见到山根先生。他长发披肩,笑容可掬,演讲时语调平和,娓娓道来,俨然是一位老太太在讲古老的故事。后来我们便渐有往来。令人感佩的是,他主持日本"明代史研究会",以一人之力,编辑学刊《明代史研究》,已出版二十六期,而且绝大部分文章都是由他亲自手写再影印制版问世的。这对一个年逾古稀的老者来说,花费了多少心力、体力!这些年来,我的明史著作如《明朝宦官》《明清史散论》等,都蒙山根先生亲自撰文在《明代史研究》上介绍。尤其令我感动的是,他耐心、仔细地将拙著《明朝酒文化》读了一遍,然后撰文,逐章逐节地详细介绍本书,刊于《东洋学报》,达七页之多。今年盛夏,山根先生来访,我们在一起小酌畅叙。他来北京的次数,跟他的年龄一样,已过了"古稀"。这在日本学者、起码是史学家中,恐怕无人望其项背。他的长发早已剪去,更显出一位老学者的亲和。我们天南地北神聊,从中日两国出美人的佳山秀水,说到葬俗的差异,以及南明史籍的搜集、中国文人画的特点等等,真个是兴之所至,小聚甚欢。

我曾在一篇文章中说:如果我们不能面对历史,又如何能面对未来?史学家更有义务面对历史。童年时,我曾目睹了日军在乡下扫荡的暴行。我对日本极右势力复活军国主义的叫嚣,嗤之以鼻。山根先生曾在杂志上著文抨击这种叫嚣,充分显示了历史学家的正义感。前几年,我曾写过一首小诗,讴歌中日人民的友好情谊。现在发表出来,赠给山根幸夫先生,以及其他日本朋友们。愿中日友好,灿如樱花,并像梅花那样,经得起冰雪的考验。诗曰:

樱花,樱花/开在富士山下/梅花,梅花/开在长城脚下/梅花暗香浮动/樱花灿如云霞/她盛开在人生的旅途/她盛开在锦绣年华/她令我魂牵梦萦/她伴我走遍天涯/天边的樱花倚云栽/梅花开处是我家/母亲在微笑/种子在发芽……/呵——/别了梅花/就是樱花。

(原载《中国文化报》1998年10月6日)

过关记

　　最近应香港中文大学邀请，去该校做学术访问。此前，我已几次去过香港，或参加国际学术研讨会，或学术访问。这一次，是香港回归后我第一次去访问，文友、学侣每问我有何特别印象，我总是不假思索地回答：同样过海关，而今大不同。

　　我头一次去香港，是80年代初，从广州海关出境，九龙海关入境。出境时的表格，是英文，填写时费力，并心中颇感别扭：在自己的国土上，居然不用本国文字。至于表格之繁琐，如手上戴的是什么牌子的表，身上有多少港币、人民币之类，真是不胜其烦。抵九龙海关，身穿黑制服的香港警察，满脸严肃的神情，不时任意搜查旅客的皮箱、提包，但被查者都是祖国大陆同胞，我不禁看在眼里，凉在心里。不久，我再一次去香港，仍从九龙海关入境。警察先生无端喝令勿走，将我的皮箱翻个底朝天，其实只有几件衣服、几本自己的著作及论文稿，准备在会上交流而已。返程仍从广州海关入境。因帮助一位不识字的台湾老兵填表格，待我与这位已逾古稀的老者进关时,大批人流早已过去,广州海关人员顿觉松了一口气,闲来无事,某君便仔细检查我的行李,扣下《金瓶梅》,一位小姐说书中插图特别恶劣。后来我通过所、院出具证明,并至中央有关部门交涉,发文广州海关,证明这是我作为明史学者的工作用书,才请广州学者去海关要回,托人带给我。

这次去香港,我均由罗湖出境、入境。两边的海关工作人员、警察,都满面春风,彬彬有礼,表格颇简单,两分钟即填完,更无人再对我的书包、皮箱有搜查的雅兴。何以故?很简单:香港既已回归,都是自家人了,干吗不客客气气呢?正是:

今日过关,手续简单。

回归之后,换了人间!

(原载《中华英才》1998年第13期)

故土之恋

　　我的远在澳洲的儿子宇轮，看了我写的《塔树之恋》《卖糖时节忆吹箫》等怀念故土的散文来信说："你还未老，怎么老早就有那样强烈的怀旧情绪？"这也难怪，在城市里出生、长大的人，很难理解像我这样在乡间泥水里泡大的放牛娃，对土地的深深的眷恋。"野人怀土"，离开对土地的依恋，哪里还有故土之恋？是的，故土上还有先父母的坟墓，以及诸多亲友。但是，离开土地这最伟大的母亲，既不会有他们，当然也更不会有我。

　　作为史学家，三句不离本行：一部中国古代史，在很大程度上，就是中国土地关系史，或者说争夺土地的历史。我从三岁记事起，就感受到家中"上无片瓦，下无寸土"的痛苦：年年佃别人家的土地种，因而年年就得租别人家的房子住。母亲、大嫂，年年要和大量的泥巴，糊租来的茅屋墙，那是一件非常累的活，至今我还能回想起她俩糊墙时沉重的叹息。五岁时，我跟着母亲下地割麦，我不听她的劝告，拿起她的镰刀就割，但毕竟人小力弱，第一刀下去，麦子没割到，倒把左脚砍了一个大口子，鲜血直淌，母亲急忙往伤口上撒了一把土，血也就止住了。至今，伤疤犹在。这也是故土打在我身上最早的烙印，让我永远记住了农夫的艰辛。

1946年夏天，在翻天覆地的土地改革运动中，我家分到了地主的三间房、十六亩稻麦两季的好地。从此，我家彻底告别了年年搬家的日子，也告别了贫困。这年的春节，在大年三十晚上，母亲看着满桌丰盛的年夜饭，含着泪花，动情地说："我家什么时候过过这样的好年？这要感谢共产党的土改啊！"从那个时候起，我进一步懂得了，土地是我家——也是亿万农民的安身立命之所。

在寂寞的书斋，我常常仰望窗外蔚蓝的晴空，思绪随冉冉白云，飞向故乡，回到那洒下我多少汗水，给我带来多

少欢乐的十六亩地上。靠近打谷场的那块二亩地，因地势低洼，他们叫它"小洼塘"，土质特别肥沃，亩产稻子四百斤（这在半个世纪前，已是高产量了）。割稻时，往往能在水中抓到黄鳝、螃蟹、鲫鱼之类，今日思之不禁食指频动。紧挨二亩地的，是三亩地、四亩地……田埂上，每当"春风又绿江南岸"，蚕豆花的清香，沁人心脾；夏天时，碧绿的毛豆，颗颗饱满，而清晨，带着露珠的青草，更是翠绿欲滴，我不到半小时，就能割满一筐，老水牛吃得头都不肯抬；秋天，割完稻子，就得赶紧将稻把挑上谷场。十三岁那年，我年少气盛，特逞能，一鼓作气，挑起了将近一百五十斤的稻把！可是，坏了——突然觉得全身力气在猛然下沉，两粒睾丸竟随阴囊一下子垂下几寸长，着实吓我一跳，赶忙回家，告诉母亲，母亲看了一眼，说："不要慌，没事的！"说着就很快煮了一碗不切碎的长粉丝，让我慢慢吸下去，一碗粉丝还没吸完，两只宝贝就安然无恙地"官复原位"，而且从此再也没"下放"过。走笔至此，我深为少年时的莽撞哑然失笑。秋深时节，北雁南飞，薄暮时分，我赤着脚，拎着木桶，跟在父亲身后，为老水牛拉的犁铧不时注水，不远处传来邻人孙五爹苍凉、悠远的赶牛歌声，在晚风中飘散，飘向邻村，飘向天涯。

说实话，恋故土，最恋是春天。春末夏初，经常下起毛毛细雨，我放学后，最喜欢骑在牛背上，到一大片尚未开垦的荒地上去放牧。北庄——叫西北厢的一位孙姓少女，也最喜欢骑在牛背上，到这里让牛吃草。她家比较富裕，她放牛时，居然手拿短笛，呜呜地吹着，这在方圆十里内，堪称独一无二。她比我大两岁，性格爽朗，很喜欢我，聊天时，经常放声大笑。转眼间，我已是六十一岁的老翁了。不知这位孙姐现在生活得怎样？呵，曾记否？两小无猜放牧时……

"但存方寸地，留与子孙耕。"愿故土安然无恙，我的心永远与之同在。

（原载《中国土地报》1998年5月6日；《盐阜大众报》1998年7月24日）

发廊古今谈

有人曾在书中断言，明朝以前，"头发是不能剃的。无论男女，都是很长的头发，穷人家自己梳，大户人家有老妈妈帮着梳，没有剃头理发这一行业。"（《中国民间的神》第385页）此言差矣。借用《红楼梦》的故事戏言之，这是与宝二爷同羞，"皆不读书之过也。"（贾政语录）不必说得太远，即以唐代而论，据《杨文公谈苑》载，唐朝宫中流行眠儿歌，此歌实际上"即剃胎头文也"。也就是给婴儿剃胎头时唱的歌。明初《永乐大典》中辑有《净发须知》，书中记载了理发工具镊、钗、刀、手巾等，以及理发行业的行话、隐语，他们崇拜的行业神也就是祖师爷罗真人的遗闻佚事。此书长期在民间流传，要指认其确切成书年代，颇费稽考。但由此书可以推定，理发业实在是古已有之，尽管不同历史时期，有不同的称呼、内容、特色也大不一样。不错，儒家讲究"身体发肤受之父母，未敢毁伤，乃孝之始也"，但这决不等于说，任凭头发疯长，不剃、不梳、不篦。既有社会需求，必有行业诞生，而且也必定有能工巧匠脱颖而出，成为理发业中的佼佼者。《宋史·宦官传》中，即载有某工理发者。元朝作家汤式，作有套曲《〈南吕〉一枝花·赠钱塘镊者》，所谓镊者，按《通俗文》的解释，是"披减发须"，也就是理发师。且看此曲对这位杭州理发师的描写："（梁州）打荡着临闹市数椽屋小，滴溜着皱微波八尺帘纸。自古道善其事者先其器：雪锭刀揩磨得铦利，花镔镊抟弄得轻疾，乌犀篦雕镂得纤密，白象梳出落得新奇。虽然道事清修一艺相随，却也曾播芳名四远相知，剃得些小沙弥三花顶翠翠青青，摘得（即修整得）些俊女流两叶眉娇娇媚媚，镊得些恍郎好君一字额整整齐齐……虽小道莫轻易，也藏着桑柘连村雨一犁。到大（即终究）便宜！"由此可见，这个元代杭州城内的理发馆，位于闹市，门口飘拂着纸质长帘，刀、镊、篦、梳，皆精品，而且手艺高超，服务对象广泛，小和尚、漂亮姐，都是此馆的客人，难怪声名远播，用今天的话说，就是著名企业了，也唯其如此，大作家汤式才会特地写了套曲来歌颂这位理发业的明星。明代街市上往往有梳篦铺，做工考究，既是满足千家万户家庭的需要，也是为了供应理发师的。明代著名散曲家、幽默大师陈铎在所著《坐隐先生精订滑稽余韵》中，有《小梁州·梳篦铺》："象牙玳瑁与纹犀，琢切成胚，黄杨紫枣总相宜。都一例，齿齿要匀齐。[幺]清浊老幼分稀密，向清晨栉裹修饰。拂鬓尘，除发腻。诸人不弃，无分到僧尼。"另有一首《满庭芳·篦头》："高人见喜，梳儿光荡，篦子匀密。整容取耳般般会,手段轻疾。风雪儿汤着就起,虮虱儿刮尽无遗,脊背后时常立,有谁知就里,人头上讨便宜。"

读了这两首小曲,明朝梳篦铺及篦头者也就是理发师的情形,大体上也就不难想见。所谓整容,包括修眉、剃须、剪修胡子、剪鼻毛等,明中叶后,有些地方还加上染发、染须。所谓取耳,即掏耳屎。但是,高明的理发师,还会推拿、按摩、导引。《金瓶梅》第五十二回,写篦头能手小周儿替西门庆梳头、篦头后,又"捏捏身上。他有滚身上一弄儿家活,到处都与西门庆滚捏过。又行导引之法,把西门庆弄得浑身通泰"。我以为,小周儿之流,实在是启当代发廊、美容院按摩之先河,说他们是按摩小姐们的祖师爷,应当是当之无愧的。明代剧作家李渔的《无声戏》第十一回,也描写了一个类似小周儿的篦头高手。不过,明代的篦头师傅,还是走街串巷,上门服务的多。江进之的《雪涛小书》,曾记述一位篦头师傅被流氓敲诈的故事。这些篦头师傅,社会地位低下。但也有少数人,因某种机缘,与社会上层人物甚至大宦官有往来。有野史记载说,晚明曾有太监溜到宫外,偷偷地向理发师学习技艺,旨在更好地伺候皇上。据《董心葵事记》载,京中有个刘姓篦头师傅,曾经在魏忠贤未发迹时,经常为他梳头、篦头,后来魏忠贤权势倾国,游海甸时,碰到刘篦头,魏很怀旧,让他负责采购建造药王庙的砖、灰,发了大财。虽然后来不幸卷入政治旋涡,被魏忠贤命东厂打手殴毙，但家中仍有三千金。

清兵入关，下令剃发，"留头不留发，留发不留头"的悲凉故实，是尽人皆知的。但除了无奈的梳辫子外，还需要剃脑门、刮脸，剪鼻毛、挖耳、按摩等更是"涛声依旧"。此时的理发行业，通称整容行，有的理发店干脆就叫整容店或整容堂。据梁章钜《楹联丛话》载，有家整容堂的楹联是："虽然毫末技艺，却是顶上功夫。"甚妙。另一副楹联"不教白发催人老，更喜春风满面生"也隽永可喜。民国年间，由于猪尾巴似的辫子被辛亥革命革除，从西方传来大背头、分头，剃头师傅学会了用推子理平头、留大背头，继而又学会了电烫、做花等等，整容店、剃头棚之类，才改称理发馆。至于美发厅，就北京地区而论，是80年代后期才出现的，而近几年，大大小小的发廊、美容保健中心，更如雨后春笋般充斥大街小巷，尤其是城乡接合部。笔者考察了若干家，良莠不齐，光怪陆离。有位发廊小姐告诉我：某大款，专爱闻其脚，且不让洗，闻一次付款不菲。吁，此君莫非国粹派中嗜闻女人小脚的辜鸿铭之传人乎？可见此辈也难以绝种。我将此事告诉另一位开发廊的美丽小姐，她听后愤然曰："恶心死了！要是我，给一千元也不干！"真乃人各有志也。

（原载《生活时报》1998年8月25日）

干校杂记之一

　　1971年秋，我被押往黄海之滨江苏大丰县的上海师大（按：当时张春桥强行将华东师大、上海师院、上海体院等五所高校合并，组建成上海师大，与今日的上海师大，概念有别）"五七干校"去劳动改造。这里的"押"字，是货真价实的：1970年冬，我因参与反对张春桥活动被"四人帮"控制的"上海市公检法军管会"宣布戴上"现行反革命分子"的帽子，交群众监督改造。因此，我从未享受过"五七战士"的殊荣。事实上，到干校的第二天，一大早，我就被勒令在全连战士面前示众，宣布我只能老老实实地劳动，不准乱说乱动。于是我只好"形影相吊"。不过，孤独也给我提供了更多冷眼旁观的机会，而一般来说，许多事往往是旁观者清的。弹指间，二十七年过去了。1998年清明时节，我去盐城扫墓。大丰县政协闻讯，特地派车接我去该县做客。我冒着毛毛细雨，重游干校的旧址。在当年去干校的必经之地四叉河小镇，我徘徊良久，不忍离去。多少往事涌上心头……

"国际饭店"的"四大名菜"

就说这四叉河小镇吧，今日也不算繁华，有几家砖瓦房的店铺、一两幢不起眼的二层小楼，如此而已。可是，二十多年前，这里的房子，多数是茅屋。有一家饭店，是用海边随处可见的芦苇秆糊泥巴搭起来的，只能说聊蔽风雨。卖的食品也寥寥无几，不过是面条、馄饨、猪头肉、凉粉之类。星期天，"五七战士"们无处消遣，便步行数里，去小镇闲逛，到这家饭店吃饭。饭店里的卫生条件很差，厨师根本不讲卫生。拌凉粉时，一边拌，一边用积满污垢的长指甲挖耳朵，然后将大拇指与小拇指的指甲轻轻一弹，耳屎掉进凉粉，他根本不管，照拌不误。于是便有了一道"名菜"——"耳屎拌凉粉"。更有甚者，此君在切猪头肉时，忽然脚指头痒了，立刻用手指狠搔一番，然后又马上拿刀，继续切肉，这便是"脚癣猪头肉"这道大菜的由来。有位女服务员，也不文明。她头发长，头皮屑又多，一边煮馄饨，一边搔头皮，头皮屑掉进锅里，她像样板戏里的英雄人物一样，"面不改色心不跳"，镇定自若，你说这是"头皮屑煮馄饨"，她才无所谓呢！冬天，素来风大的海边，寒风凛冽，滴水成冰，芦苇篷小店内的寒冷，可想而知。说来也是可怜，下面条的师傅，清水鼻涕不断滴下，有人曾亲眼看到有几滴千真万确地滴进面锅里，从此"鼻涕面条"的故事便不胫而走。不知是哪一位天才的"五七战士"，把这家饭店美其名曰四叉河镇的"国际饭店"（按：上海有家著名大饭店叫"国际饭店"），并戏称"脚癣猪头肉""耳屎拌凉粉"等是该店的"四大名菜"。我很庆幸自己根本没有上小镇闲逛的自由，因而也就没有品尝这些"名菜"的口福。至今每一思之，辄忍俊不禁。专制令人冷嘲，也令人无聊。当时不少知识分子心灵空虚，将才华浪掷于戏谑，于此可见一斑。笑定思痛，实在也是一种悲哀。

无奈的笑话

有人群的地方，就有笑话，"五七干校"也不例外。著名作家、编辑家、学者施蛰存教授，是老"五七干校"成员——1957年，被打成右派分子，此时已年逾古稀，因耳背，戴着助听器，也被赶下来劳动。可是，老人又能劳动什么呢？干校头头便让他保管工具。老人倒闲不住，学着磨镰刀。可有人不以为然。我就听到一位老左鼻子里哼了一声，轻蔑地说："第三种人、老右派正磨刀霍霍呢！"这真是从何说起！有两位教师被派去放牛，一位并不知道牛不是什么草都吃的，割了不少盐蒿喂它。可牛根本不感兴趣，这位老先生急了，絮絮叨叨，反复做它的思想工作，如吃草何等重要，不吃草有什么危害性之类，俨然是老爷子哄小孙子吃饭。良久，也许是牛觉得此类哼哼教导，毫无意义，便拔腿而去，两位老先生一看急了，竟急忙去拖牛尾巴，意在坚请它用饭，岂料牛哪里领这份情，索性撒腿狂奔起来，两位老夫子，立马被甩个仰八叉。其实，"敲锣卖糖，各有各行"。让两位老先生干他们的本行，在课堂上执教鞭育人，岂能闹这样的笑话？强迫教授去育牛，难免闹出风马牛。

有一事，也让人啼笑皆非。某日下午，一位小头头令我配合某"五七战士"，将我们连养的一头母猪，赶到另一个连所在地的打谷场上，去与在那里恭候的、特地从邻村农民那儿借来的一头公猪交配，准备繁殖小猪。打谷场上已围了不少人，想平生第一回一睹公猪、母猪做爱的风采。这头公猪大概属于英国约克夏之流，个子高大，神情骄横，颇有几分狂妄样子。但一看到我们连的母猪，似乎立刻改变态度，变得分外温柔，在母猪的屁股上闻来嗅去。"恋爱"的时间甚短，根本不足道也；此公猪在这里的乡间小有名气，是猪圈里的情场老手，故很熟练地与母猪实现"同居之爱"。不过，做爱时毫无"温柔敦厚"可言，双目紧闭，哼哼不停，而且口吐白沫。在食堂烧饭的一位数学系的戴眼镜的女教师，一直目不转睛地看着，公猪刚"了却好事"，她便立刻从食堂里端来一面盆稀饭，放在公猪面前，连声说："呀呀，沙度了！沙度了（上海话谐音，劳累之意）！"人们不禁一阵哄笑。晚上睡觉时，我还听到有人打趣说："她在家中一定是对丈夫体贴入微的好妻子！"于是又引起一阵哄笑。不能不说，相当一部分知识分子对农村生活是不了解的，到了乡下，行事与实际往往形成大的反差，构成笑柄。然而，他们的职业毕竟不是农民，诸如此类的笑话，实在也是那个荒谬年代里无奈的产物。

（原载《生活时报》1998年10月24日）

哭泣的动物

——干校杂记之二

干校的生活单调、乏味，所幸养了几只动物，给人们带来不少欢乐。

常言道："狗撵鸭子呱呱叫"。我所在的连，并未养鸭，尽管那儿并不缺水，小河里有的是小鱼、小虾、螺蛳这些鸭子爱吃的美味，也许是缺少咸宁"五七干校"陈白尘先生那样的养鸭高手。不过，我们连养了一只又高又大的鹅。它全身羽毛洁白如雪，声音洪亮。它的亲密伙伴是一只块头比它小多了的黄狗。白天，黄狗经常与它嬉闹，撵得它嘎嘎叫着，张开翅膀，在打谷场上飞跑。这时，一只瘦骨伶仃的母山羊，总是静静地蹲在打谷场边，默默地注视着；它始终眯缝着双眼，面无表情，俨然是一位大智若愚的女哲学家，在思考着什么。它有时也咩咩地叫上两声，谁也不知道它对眼前狗、鹅的闹剧是批评还是表扬。"秋尽江南草木凋"后，天色黑得很早。入夜，海风阵阵，熄灯后的干校，在苏北平原上显得分外的宁静而又孤寂。在黑暗中，有一支奇突的队伍走来了：黄狗领头，母羊居中，白鹅随后，在干校的房前屋后，巡逻着，一圈又一圈；狗并不叫唤，母羊偶尔轻轻地叫两声，或许是感叹，或许是抚慰同伴。白鹅虽然默默无语，但它的宽大的脚掌落地，发出重重的叭嗒、叭嗒的声响……除了风雨交加的夜晚，这支小小的动物巡逻队，总是这样走着，走着，直到黎明前才散去。谁是这支巡逻队的组织者，或是教练？根本没有。那么，这三位无声的朋友中，谁是发起者或组织者？可惜"问天天无语"，永远成了谜。在和煦的阳光下，在万籁俱寂的黑夜里，这三位动物朋友，给干校人带来多少温馨、慰藉！孤独的我，每当看到这几位异类朋友的身影，听到它们的叫声，一阵暖流便涌上心头，深感它们比我的那些人性迷失的同类，不知要真诚、善良多少倍！

更使我难以忘怀的，是那只有着特殊身世的牛。1946年夏天，土改运动中，有户地主把家中的几头牛赶到海滩上，然后逃亡到上海。这些牛在杂草丛生的海滩上栉风沐雨，迎霜斗雪，一代又一代地繁衍，由家养牛还原为野牛，脾气火暴，凶狠好斗，奔跑速度甚快。有一天，体育学院的几位年轻教师发现了它们，逮住一只小公牛，经过精心驯养，一年后，居然能够拉着牛车干活了。但是，它毕竟野性难改，眼神中总是流露着不肯就范的异样光芒。我就吃过它两次亏。一次，我与老实、厚道的王承礼先生，赶着装满芦苇的牛车，在被一些人歌颂为"五七大道闪金光"、然而我从未感到金光在何处的干校大路上，慢腾腾地走着，经过下坡路一座小水泥桥时，这头牛也许是想到了发昏章第十一，忽然狂奔起来，我拼命拉紧缰绳，但毫无用处，牛车很快失去重心，一下子栽到河里！我与老王大惊失色，从水中爬起来一看，牛在水中挣扎，它的眼神异常惊恐。我赶紧解开辔头，费了好大劲，才小心翼翼地把它牵上岸。它大口、大口地喘着气，疲惫不堪。幸好它没有跌伤，若是残疾了，我是难逃干系的。我与承礼兄费尽九牛二虎之力，才把芦苇和牛车搬上岸，等重新套起牛车，已是傍晚。萧瑟秋风，阵阵吹来，精疲力尽的我，遥看落日，这才真正体会什么叫"夕阳西下，断肠人在天涯"。不久，我驾着牛车去大田里拉割下的晚稻。想不到装好车，它却抬着头，注视着东方，一动不动，不管我如何吆喝、叱责，它就是纹丝不动。一位"五七战士"见了，大怒，拿起我手中的皮鞭，在它身上猛抽，它仍然不肯挪动半步；一位副连长见状，说此牛岂有此理，操起扁担在它的屁股上狠打了几下，它仍旧是我行我素！无可奈何，我只好奉命给它解开辔头，把它牵回牛棚。走在路上，我注意到它仍不时看着东方。莫非是它看见了海滩上的同类，想起了自由自在的往昔，因此用拒绝驾车的方式，在向人们抗议，要求还它以自由？看来，向往自由，不仅是人类的本性，又何尝不是动物的本性？可悲的是，在现实生活中，人与动物的这种本性，常常被扼杀、扭曲，"五七干校"的存在就足以表明这一点，真是莫大的悲哀。

此后不到两年时间，这些动物一个个都下场悲惨：山羊被宰，剖开肚子后，才发现它已是"身怀六甲"，许多人奇怪附近没有公羊，它是和谁"恋爱"并"暗结珠胎"的，总不会是外星人所为吧？白鹅成了盘中佳肴；黄狗遭到同样命运；那只眷恋海滩的牛，被卖到远方。它们在被宰、被牵走时，肯定风雨如晦，哀鸣不已。今天，当我临窗走笔，想起二十多年前曾一度与我风雨同舟的这几位异类朋友，不禁掷笔长吁，我为你们哭泣！

（原载《生活时报》1998年11月20日）

留得枯荷听雨声

　　"留得枯荷听雨声"，这是唐人李商隐诗中的名句。有些评论家认为，这千古佳句，充分显示了残缺美。这当然是很有道理的。从历史与现实来看，这句诗曾给古人不少启示，也给当代人以深刻启示。

　　在封建社会，"君子之泽，五世而斩"，财产、权力不断被再分割；而到了封建社会后期，随着土地兼并的加剧，"百年土地转三转"，更加速了王朝、家庭衰落的过程。有识之士显然是从"留得枯荷听雨声"中有所悟，砌新屋时留下旧屋半间或残墙碎瓦，好让子孙"听雨声"，记住岁月的艰辛，别当败家子，让他人买去此屋，拆了重建新屋。甚至有的富豪在修建私家园林时，特意保留废树、断岸，正像一位诗人所歌颂的那样，"岂惟示朴淳，正欲知忧患。"这"知忧患"三字，真是可圈可点。走笔至此，不禁想起三十多年前上海闸北番瓜弄的改建工程。这是著名的贫民窟，百姓住在到处污水横溢的窝棚里。后市政府拨巨款盖起一幢幢居民楼，居民搬进新楼时，却要求政府保存下几个人称"滚地龙"的窝棚,让自己、儿孙、游人不时望上几眼,目的在于立此存照,忆苦思甜,留下旧社会、贫困时的凄风苦雨。这样做法,充分体现了"岂惟示朴淳,正欲知忧患"的文化传统,非常有历史感。

圆明园为何保存?已争论多年。笔者不久前重游此园,觉得面目全非,深感失望。我认为,应当如实完整保留被西方侵略者焚毁后园林的劫后灰,即残垣断壁,使国人永远"听雨声",忆国耻,肩负起振兴中华的重任!其深远意义,是重建园林,给它打上现代旅游业花团锦簇的烙印所难以比拟的。

（原载《西南兵工报》1999年1月15日）

难忘"庙"门灯火时

常言道，"野人怀土"。作为一个在野的普通百姓，我常常怀念旧居"土地庙"。尤其在夜深人静，当我在书斋里写作感到疲倦，茗碗在手，听着《二泉映月》《高山流水》之类民族音乐，看炉烟缥缈，思绪便飞向远方，飞向昨天，仿佛又置身在"土地庙"晨昏月夕……

我是1979年春节刚过，从上海调到北京，来中国社科院历史所工作的。单位住房紧张，人满为患。我只好与同事席康元兄及近日刚不幸去世的翻译家邹如山兄，挤在一间办公室里，晚上支起床，就算是寝室了。席兄心宽体胖，躺下不到一分钟，便鼾声大作，似隆隆巨雷，从天际排山倒海而来，而且如同一直处于交响乐的高潮，震撼人心，却听不到乐曲低回，云淡风轻时。住了一阵，我实在不堪忍受，只好采取"惹不起，躲得起"，搬到楼下地震时匆忙盖的值班室里居住。

这是约十平方米的斗室，夹在两棵高大的白杨树下，外形很像乡下的"土地庙"，故所内同事皆以"土地庙"称之。

我清楚地记得，当我头一晚下榻此"庙"，路人看到"庙"中开着灯，开玩笑说："咦，'庙'里有神了！不知谁是'土地爷'？"后来他们知道我躲进"小庙"成一统，又开玩笑说："还不快点将'土地婆'请来共享人间烟火？"

虽说当时"庙"中并无"土地婆"，但我并不寂寞。所内所外的文友，来"庙"看我，说古道今，衡文角艺者，大有人在。最令人难忘的是宋史学者吴泰，中外关系史学者马雍，他俩分别住在所内的简易平房和办公室内，闲时常来串"庙"，无所不谈，马雍兄更是知识渊博，见多识广，声音洪亮，滔滔不绝，不知疲倦。此时，我的老学长、患难之交、玄奘和唐律专家杨廷福教授，正客居中华书局，参加《大唐西域记》的校注，不时来看我，并小酌数杯；有时诗人江辛眉兄也同来聚谈。独学无朋则不乐，这些学侣的来访，确实使小"庙"生辉，我的心智备受启迪。我曾对朋友们笑说："庙"不在大，有神则灵，群贤毕至，其乐莫名。但是，曾几何时，在80年代前期，吴泰、马雍、杨廷福三位先生，先后病逝。吴泰比我小两岁，马雍比我稍大，廷福兄也不过刚过六十。"忍看朋辈成新鬼"，回想起与他们在"庙"中度过的欢乐时光，无边的思念、不尽的惆怅，时时向我袭来。马雍去世时，我也正在病中，未能去送别，只是托人捎去我的挽联，略寄哀思，至今仍深感遗憾。吴泰的遗体告别仪式上，我伤感至极，痛哭失声，从此以后，我不再愿意参加比我年轻的亡友追悼会了。至于廷福兄，在他病危期间，我赶往上海去探视，两人执手大恸，真是不堪回首……

后来，因基建需要，所里下令拆掉"土地庙"，已故科研处长钟允之同志，还对我开玩笑说："将来我们重建'土地庙'来纪念你。"拆"庙"前夕，弟子周勤小姐，刚好来京开会，替我拍了一张照片，如今成为小"庙"的珍贵纪念了。

是的，"土地庙"永远在地面上消失了，但永远不会在我的心中消失。我的第一本杂文集叫《"土地庙"随笔》，就是明证。

（原载《生活时报》1999年1月22日）

孙春阳的启示

倘若你在江苏苏州城内徜徉，会看到一家杂货店，挂着孙春阳的招牌，但店面不大，所卖货物也并无特色。但是，若追溯其历史，却有四百多年了！重温它当年辉煌的一页，是很耐人寻味的。

孙春阳是宁波人，明代万历中弃儒经商，在苏州吴趋坊北口开一小铺，后来规模日大，成了苏州最负盛名的南货铺，吸引着四方顾客，一直到清中叶，仍很兴旺发达。后毁于太平军战火，虽有人重建，但从此一蹶不振，无复当年繁荣矣。从明到清，孙春阳这家南货铺，为什么能在漫长的历史时期内，生意兴隆，保持住老字号的光荣？根本原因，有三条：一是管理严格。它的店规之严，选制之精，在整个苏州府都是独一无二的。店内分六房，显然是吸取了政府行政管理的经验，因为当时的州县衙门，其行政机制正是六房。孙春阳将店分为南北货房、海货房、腌腊房等六房，售者由柜上给钱取一票，自往各房发货，而管总者（相当于今天的经理）主持店务，账目一天一小结，一年一大结，有条不紊，明明白白。其二,也是更重要的一点,它特别注重商品质量,有地窖贮藏果品,故一年四季都有鲜果供应。其三,孙春阳视商业信誉为生命。明朝灭亡后,有位顾客拿了万历年间孙春阳所发的货券找到该店,店员见后,立刻就发货给他,并不因为年代久远,人事变迁,特别是已改朝换代就赖账不付。如此讲究商业信誉,这在明清两代,即使不是绝无仅有,也属凤毛麟角,难能可贵。

　　孙春阳老人倘地下有知,对当前商海的种种怪现象,恐怕是要惊诧不已、瞠目结舌的。问一问中国消费者协会,每年顾客与店家纠纷知多少!商品的次、劣、假,不讲商业信誉,实在令人头疼、困惑。这些商家如果能学一学他们的先辈孙春阳,抓管理、重质量、讲信誉,那该多好!我生于苏州,对姑苏怀有深厚的感情。借此想呼吁苏州市:重建古代的孙春阳南货店,并大力宣传其成功经验,如何?

　　　　(原载《人民日报·海外版》1999年2月5日;
《海南日报》1999年2月12日)

"酏酒"面世记

　　非某自夸，对酒史尚能略知一二。谓予不信，有便来寒斋一侃如何？纵向的、横向的，恐怕三天也说不完也。犹忆1989年秋风萧瑟时，我在西山脚下，写完《明朝酒文化》这本书，感受最深的有两点。其一，中国酒文化的神髓，若用一句诗概括，不过是"醉翁之意不在酒"。倘醉翁之意在酒，胡饮乱喝，甚至一抹脖子，将一碗烧酒一口气咕咚咕咚倒下去，旋即呕吐，狼藉满地，举座掩鼻，实在是连牛饮也不如，可谓风景煞尽。其二，我国黄酒生产的历史，少说也有五千年，是道道地地的国酒；虽然一般认为，从元朝起，含酒精度甚高的烧酒，从阿拉伯传来，故又称阿拉吉酒，但直到清朝前期，仍被人讥为"食火吞刀"，不上大宴，更不用说是国宴了！而反观时下，国人每年喝掉的烧酒不下五百万吨，酒精中毒死亡者每年超过万人，而酒醉误事、闹事、闯祸者，层出不穷，其中不断引发的人命案件，更是令人触目惊心。回顾酒史，当今很多国人弃当年之国酒如敝屣，亦何其愚也！最近我在海南岛琼海市畅饮"酏酒"后，更坚定了我的上述信念。

何谓"酛酒"？需从"酛"字说起。您千万别去查字典，不管是老资格的《康熙字典》，还是当代的《现代汉语词典》《中文大字典》，压根儿就查不到这个字。此字发明出来，不过才十天，其专利权属于大名鼎鼎的杂文家、当了一刻钟业余仓颉的牧惠。我亲眼见证了"酛"字的制造过程，实际上也就是"酛酒"的面世过程，真乃幸何如也——1月14日，承蒙《海南日报》盛情邀请，我们在琼海市参观访问，受到了琼海市委的热情接待。午餐时，我们喝的是黄酒，但都觉得此酒色、香、味俱佳，风味独特，本人连饮数大杯，仍酒兴未减，不禁想起杜工部"主称会面难，一举累十觞。十觞亦不醉，感子故意长"的名句。事实上，温文尔雅、满面春风的市委杨书记及宣传部姚部长，不仅频频举杯劝饮，更向我们介绍了此酒的由来。它名曰Biang酒，Biang是方言土语，不知道这个字怎么写。最难得的是，它的原料是黎族同胞用刀耕火种方式生产的山兰稻，用优质矿泉水，配以秘方，纯粹天然发酵而成。"物以稀为贵"，山兰稻产量甚低，但酿出的黄酒，香冽爽口，醇厚绵长。好酒应有好名，席间当场议论纷纷。我们提出想参观一下Biang酒厂，杨书记说此间上埇镇就有一座。于是，我们在下午畅游了海南第一岭白石岭的奇峰异石、参天古木后，即驱车至上埇镇。一会儿，"海南万泉河何记黄酒厂"这几个大字便映入眼帘。酒厂负责人王海燕女士热情接待了我们，参观了他们的库藏。令人惊异的是，有的Biang酒已贮存十年以上，仍色泽明艳，香味诱人；而类似黄酒，往往几天功夫就变质了。我们七嘴八舌，为这种佳酿拍案称奇之余，都认为应该起个响亮的酒名，并精心包装，争取不仅打进北京，而且做个样子给中国足球队看看，冲出亚洲，走向世界。大画家而且字、画、文章与Biang酒一样与众不同的黄永厚，当即"说出手就出手"，愿意亲自动手，设计包装，博得众人一阵喝彩。但是，酒名叫什么？古典文学研究专家林东海认为，不如造个形声字"匌"，"勺"读"波"，与"羔"字反切，就成了去声的Biang酒的"匌"字。接着，杂文家陈四益也引经据典，造了一个字。但是，大家都认为这两位学问太大，曲高和寡，不容易为普通百姓认同。青年作家伍立扬又兴致勃勃地造了一个"醲"字，说一喝此酒，就立刻昂扬。本人第一个表示不敢苟同，因为立刻昂扬云云，很容易被人误解，以为是"三鞭酒"之类，其实风马牛不相及也。关键时刻，生姜毕竟还是老的辣，老牧惠有板有眼地说："还是造个会意字好，即'酉'加'乓'，'酥'的一声，成了'酥酒'，这多响亮！如有人问此字是谁造的？诸位可要证明，是业余仓颉牧惠造的，拥有专利权噢！"我们皆大声喝彩，老姚与《海南日报》的才子黄宏地、佳人韩明玉，更是叫好不迭，王海燕笑得合不拢嘴，显然可以说：从即刻起，"酥酒"面世了！

其实，当时我已构思好"酥酒"的广告画或电视广告："酥"！司马光砸破巨缸，救出小孩后，看着哗哗流出的"酥酒"，大吃一惊，说："啊！是'酥酒'"，真可惜——质之友人上影厂的女导演、作家彭小莲博士，和北京影视两栖的张明导演，以为然否？我坚信：下一个世纪，包括"酥酒"在内的黄酒，将在酒王国里独占鳌头，香飘海角天涯。

（原载《海南日报》1999年2月5日；《中国旅游报》1999年2月11日；《湖北日报》1999年2月21日；《人民日报·市场报·中国名牌》1999年2月24日；《琼海市报》1999年3月2日）

拜年记

国人过年，讲究拜年。犹忆儿时乡居，家贫，但母亲总要用白土布染成蓝色或咖啡色，千针万线，给我缝一件新衣，大年初一穿上，给长辈磕头、拜年。最快乐的，莫过于跟着母亲去舅家，给老外婆磕头，不仅有压岁钱，还有一大把花生。及长，我最后一次给长辈磕头，是1960年，在无锡小柳巷，给妻家的亲戚荣家老祖母拜年。当时我还没结婚，老人家却客气地叫我小姑爷，我受宠若惊，赶紧磕头称谢，恭喜发财。岁月悠悠，老外婆、荣老太、家父母等长辈，早已辞世，但不才给长者拜年的情愫，未尝稍减。好在现在家中有直拨电话，不管是天南地北的文友，要给谁拜年，打个电话过去就是了。

1999年我最早给拜年的是老作家冒舒湮。2月12日，他来电话，问起中国作协在全国政协礼堂举行的"首都文学界迎春茶话会"情况。因为先一天，他就打来电话，问我去不去，我说已有文友来电相约在会上见面，不好不去，但我劝他不宜去，作为1904年出生的老者，何必在大冷天去赶热闹，感冒了怎么办？他听从了我的劝告。现在既然他又打电话来了，我便提前给他拜年，祝他健康长寿。他说："我已95岁了，来日无多，没做出什么贡献，真觉得活着没意思。"我立即安慰他："怎么这样说呢？您有那么多作品问世，贡献很大。其实，光您做的那八个梦，就够意思的了！"冒老一听，就笑了。这是指：承蒙他抬爱，其回忆录，我得以先睹为快。其中有一章，题目是《八个梦》，回忆他年轻时先后与八位绝代佳人相识、相爱的故事，缠绵悱恻，感人至深。三百多年来，自乃祖冒才子辟疆之后，冒家之风流倜傥者，实无出舒湮其右。电话中，他还告诉我，最近看了《文学自由谈》上我写的采访"三陪小姐"的文章，勾起了他对赛金花及扬州名妓卞三爷的回忆，这两位在民国初年，曾经先后提出要乃翁冒鹤亭老先生，纳其为妾，以便终身有托；卞三爷还向冒鹤老正式提出，她手头有五万元积蓄，过门后，可抚养幼子舒湮成人，并出国留洋，回国后，她场面上认识很多人，工作由她安排。舒湮在电话中不无感慨地说："由于庶母坚决反对，此事不了了之。倘若当年此事办成了，我成了洋博士，可就不是现在的'土老冒'了！不过，怎么称呼她呢？就说你吧，怎么叫她？"我毫不见外地说："我是晚辈，既是冒鹤老娶的，又不是冒充的，叫她冒奶奶不就得了？"没想到他却说："唉呀，不好办哪，叫她妈，我不就成了婊子养的了嘛！"说罢，他哈哈大笑，我也为之捧腹。我建议他将这段掌故写出来，题目不妨叫做《二度江南残花梦》，他说这个题目不错。我坚信，执着人生、性格幽默的舒湮，人生的好梦，还有得做呢。

我给年逾八十的漫画家方成打电话。他接电话后，立刻说："新年好！给您拜年啦！喂，您是谁啊？"我通报姓名后，说："我是给您拜年的，没想到您是先下手为强。"他说："不，是先下嘴为强。谢谢您寄来的书！"我说："您寄来的书我也收到了，很感谢，真是来而不往非礼也。"他立即说："是啊，有来有往是礼也。"我听出他一边说话，一边咀嚼，忙问："您正在吃饭？"他说："不，正吃苹果呢，不过，不妨碍说话。"干吗要妨碍他吃苹果呢？再说这个月初，大画家黄永厚约他、我、伍立扬去其画室吃狗肉，我们天南地北地聊了几个小时，方成说的笑话，令我开怀大笑了几次，我们说的笑话，也令他笑得合不拢嘴，简直像个老顽童。我看机智、风趣的方成，有希望活过一百岁，遂放下电话。

我给上海的著名学者、老作家王元化打电话，家中无人。后接上海文友打来的电话，始知他已患重感冒住院。上海近日气温高达二十度，老天爷的神经恐怕有些贵恙了。接着，我给上海的科技史专家，也是文坛前辈、老学长胡道静打电话。他已八十六岁，身体却比前几年好多了；当年，我给他打电话，他十分沮丧地说："我每天吐几百毫升的血，太痛苦了，我要跟三毛一样自杀！"真是吓出我一身冷汗。而几年之后，今天胡老在电话中告诉我，他现在身体不错，虽不常写作，但还经常看书，也看到了我在《中华活页文选》上发表的、文中曾提到他的《忘年之交》。这使我颇感欣慰。

过新年，天增岁月人增寿，只有健康地生活着，才不辜负这良辰美景、无限春光。这里，我愿用给歌词圣手乔羽电话拜年时说的话，及"乔老爷"的话，给众文友拜个晚年："恭喜发才！我说的才没有贝字旁，您、我都是发不了财的，恭喜您新的一年里，继续才华焕发，佳作不断。""谢谢，是啊。'他生未卜此生休'，这辈子肯定是发不了财了。其实，恭喜发才，还不如恭喜健康，健康最重要！"

（原载《生活时报》1999年3月5日）

游山如读史

桂林山水甲天下。而桂林山水之美，不仅仅在于群峰如黛，漓江碧波万顷，雨后烟雨蒙蒙，如梦如画。自古以来，桂林人一向重视历史、文物以及风景区的大环境，维护景观的自然美、整体美。清朝诗人陈元龙盛赞桂林山水曰："游山如读史，看山如观画。"这对桂林山水之所以能甲天下，吸引一代又一代旅游者络绎于途，是个深刻的概括。

事实上，我国的不少名山，如泰山、华山、九华山、五台山、云台山等，有幸登临者，都会有"游山如读史，看山如观画"之感。1998年深秋，我畅游云台山，令我特别感奋的是，在一座古刹中，有一处建筑物，纪念当年奋勇反抗日本法西斯，与敌展开殊死搏斗而捐躯的爱国僧众，并充分揭露了日军在庙内疯狂抢掠、屠杀、焚毁的暴行。这使包括笔者在内的游人，受到了一次难忘的爱国主义教育。同时，这也让人们知道，不要以为寺庙里的和尚只是晨钟暮鼓，吃素念经，看破红尘，不问世事。在民族存亡之秋，又有多少僧人投身抗日的洪流，不惜牺牲一切。这是中国佛教史上光辉的一页。还值得称道的是，虽然近几年来，云台山增设了几处风景点，但布局合理，仍保持了此山的雄浑气势、自然神韵，这是很可贵的。但是，也应当看到，我国的一些名山古刹，游后让人恍然若失。如北京西山的庙宇，绝大部分建于明代，而且大部是由宦官修建的，浸透着封建专制主义的腐朽、没落。可是，现有的庙宇前，几乎看不到这样的文字介绍，一段沧桑史、血泪史被湮没了。又如京东某山，曾有名传遐迩的恢宏古寺。十几年前，我曾听当地的县委书记介绍，此寺未毁于抗日战争、解放战争的炮火，而是在1962年，"左"的思想作祟，由县里下令，民兵用炸药把它炸掉了。而今，由乡民集资，在山上重建了部分庙宇，但说明文字中，却只字不提此事，实际上也就勾销了沉痛的历史教训。更有一些地方，在古刹旁乱砌乱盖，污染风景区的水源，大煞风景，实在辜负了好山好水，良辰美景。他们哪里懂得"游山如读史，看山如观画"的奥妙？思之怅然。

（原载《人民日报·海外版》1999年3月5日）

"拍花"古今谈

　　童年时，每每听大人说：别淘气，一个人走在路上要特别小心，别让"拍花子"给拍去了！前几年，与一位广州籍学者聊天，她说童年时最怕的就是"拍花子"，大人教导她：如果被"拍花"的拍了，觉得左右都是水，一定要往水里钻，赶紧跑，才能逃生，千万别觉得前方是大路，就朝路上跑，那是死路。可见地无分南北，都曾经有"拍花"的阴影。其实"拍花"危害社会，特别是拐卖、摧残儿童，由来已久。究竟始于何时？有待考证。从一些蛛丝马迹看来，恐怕唐、宋时期，就有"拍花子"的魔影出现，此处不详述。

　　"拍花"之所以使人谈虎色变，是因为"拍花"歹徒使用的迷药，神秘古怪，能使人产生幻觉，为其操纵；或沉沉昏睡，失去知觉，听任摆布。明朝前期，曾经发生一起震惊朝野的"人妖公案"。成化十三年（1477年）七月，真定府晋州聂村的一位生员高宣之婿，抓获一个男扮女装，以做女工为掩护，奸淫妇女达十载之久的山西榆次县人桑冲。经审问，桑冲招供，对于秉正不从的女子，"候至更深，使小法子，将随身带着鸡子一个，去青，桃卒（按：疑为短的干桃枝）七个，柳卒七个，俱烧灰，新针一个，铁锤捣烂，烧酒一口，合成迷药，喷于女子身上。"（明·陆粲：《庚巳编》卷九）结果是可想而知的，受害人肯定是神志无知，任其所作。桑冲先后奸淫良家女子一百八十二人，令人发指。后被奉旨凌迟处死，罪有应得。春天，在"拍花子"所施展的迷药伎俩中，危害最大的，还是"抹脸儿法"。明代笔记《耳谈》卷十三载谓："重庆涪州诸处妖人王大虎、二虎、三虎等，行抹脸儿法，其法先于家中凿地窖，用乌头、花椒、南星、半夏、海芋、砒霜等数十味制造迷药，遇逢男女，先念一咒……咒毕，将迷药顺脸一抹，其人觉后有虎，左右背水，惟前有路，不得不往。引纳窖内二三日，用泥浆水、甘草汤改解，转递各处……货卖……不下千人，但违拗啼哭，即投江中。"由此可见，"拍花"所使用的迷幻药，非止一种，我那位友人老广童年时所闻的致幻状，不仅是真实的，而且是古已有之。

事实上，无论是清代，还是民国年间，"拍花"一直很猖獗。徐珂的《清稗类钞》第三十九册，解释"拍花"谓："即从迷药绝于行道之人，使其昏迷不醒，攘夺财物也。"直到今天，黑社会性质组织中的江湖客，仍有"拍花子"活动其间，不断在社会上作恶造孽。从披露的材料来看，其致幻药的主要成分，有曼陀罗子（这正是《水浒传》等古小说所描写的"蒙汗药"的主要成分)、茉莉花根。关于曼陀罗,包括笔者在内的学人,已有多篇研究论文面世,这里不赘述。而茉莉花根,能使人昏迷,也是不争的事实。李时珍《本草纲目》卷十四"草部"介绍"茉莉"时即已指出,其根"热,有毒","以酒磨一寸服,则昏迷一日乃醒,二寸二日,三寸三日。"难怪"拍花"的受害者们,中了道儿后,只能是稀里糊涂了。

清末有首题作《拍花》的诗写道:"拍花扰害遍京城,药末迷人在意行。多少儿童藏户内,可怜散馆众先生。"(《都门杂纂·杂咏》)可见"拍花"在堂堂京都也活动猖獗,吓得小孩子不敢出门,学馆只好关门大吉。显然,自古及今,无论是南方或北方,是穷乡僻壤,还是天子脚下,"拍花"的犯罪活动,范围大、危害深。对此,我们不应掉以轻心。令人惊讶的是,不久前居然有人著文极端否定蒙汗药的存在,怀疑"拍花"也未必真有其事,嘲笑别人是在演现代愚昧的闹剧。其实,不过是作者自己在演缺乏文史知识的闹剧,误导观众罢了。

(原载《海南日报》1999年8月13日)

国庆与家庆

有的人误以为"国庆"一词,是近代从西方传来的新概念。其实,只要查查《辞海》《辞源》之类工具书,我们就会立刻明白:国庆古已有之,资格甚老。《晋书·武帝纪》:"皓遣使之始,未知国庆,但以书答之。"这是史籍上出现"国庆"二字比较早的文献之一。顾名思义,国庆者,一国之大庆也。在以皇权为核心、本质上是家天下的封建社会里,国庆庆什么?无非是——也只能是庆祝皇帝登极,君临天下;全国既以皇帝这位大家长为至高无上的核心,皇帝的生日,或寿辰,当然也是国庆。在"君权神授"虚幻光环的笼罩下,皇帝被肉麻地称为"万岁爷",故皇帝的生日,又被呵卵者定为"万寿节"。倘若你以为古代国庆节,会举国欢腾,张灯结彩,人人欢呼,手舞足蹈那就错了!且不论,在天高皇帝远的山乡水曲、穷乡僻壤的蚩蚩小民心目中,住在人间天上的皇帝老儿家的喜事,与他们这些在土里刨食的泥腿子何干?而且,"山中无历日,寒尽不知年",很多人压根儿就不知道谁又坐龙庭了,他生于哪一天,今年高寿多少。而另一方面，正如鲁迅所深刻分析的，封建社会最好的承平之世，也不过是"暂时做稳了奴隶的时代"（《坟·灯下漫笔》）。即使在这样的时代里，仍有很多"奴隶"衣不遮体，食不果腹，其中的胆大鬼，每每发狠说："舍得一身剐，敢把皇帝拉下马！""拼个老命不要，敢与皇后娘娘睡觉！"试想，这帮人还会过什么国庆吗？没门儿。当然，在皇宫里、朝廷内，自是另一番景象：笙歌鼎沸，舞蹈山呼，百官朝拜，皇帝赏赐，一番升平盛世、普天同庆的假象。有的官僚，还利用国庆至京朝贺的机会，找门子、探路子，伺机往上爬。明朝的权奸严嵩，就是嘉靖十五年（1536年）五月，从南京赶到北京"贺万寿节"，经过一番钻营，被留下来，爬上礼部尚书兼翰林学士的高位的。后又很快当上了武英殿大学士，专权二十年，贪污腐败，祸国殃民。尤其人所不齿的是，他已是七十岁的老家伙了，却常与嘉靖皇帝切磋房中术，充当皇帝壮阳药的活试剂：自己先服下，然后将深刻体会奏报嘉靖，要他跟着自己的感觉走，服还是不服、服多少。这些奏稿，保存在《嘉靖奏对录》中，可见君臣——不，主奴——之间，是多么的荒唐无聊！

古代国庆如此，近代呢？不妨举一个典型的例子。袁世凯窃取了辛亥革命的成果，登上了民国大总统的宝座后，编了新的国歌，"中华雄立宇宙间。廓八埏……"国庆节时，下令老百姓插国旗、唱国歌，京、津、沪等城市的警察，还挨家动员。南社诗人、作家胡怀琛用胡寄尘的笔名，写了一篇短篇小说《国庆家不庆》，刊于报端（后收入民国十二年世界书局出版的短篇小说集《凄风》中），用在九江兵变中被搞得家破人亡、逃亡到上海的一位老太太在国庆日的血泪控诉，深刻地揭露了袁世凯政权的本质，国与民的对立。国庆家不庆，这是何等的悲哀！而"中华雄立宇宙间"，在列强侵凌、山河破碎、民不聊生的当日，不啻是一句空话或梦话，"廓八埏"之类的歌词，普通百姓，谁又能懂？可以说，这样的国歌，跟人民完全是风马牛嘛！

中华人民共和国是人民自己的国家。经过五十年的风雨历程，历经艰难险阻，虽然至今也还有种种不如人意处，但是，人民共和国毕竟初步繁荣富强了，我们已经真正地"中华雄立宇宙间"，这是值得我们自豪的。

国庆家也庆，唱着《义勇军进行曲》向前奋进——历史的巨变，又岂止是翻天覆地四字所能形容的？

（原载《海南日报》1999年9月6日；《今晚报》1999年9月21日）

《浩叹》非林昭作

近读《南方周末》邱隐帆先生的《狱中日记：林昭最后的日子》，深感悲愤。从1979年到1981年，我常常听到知识界的朋友们谈论林昭，认为她是当代思想解放的先驱者，觉醒程度远远超过张志新、遇罗克。大家认为，应该给她平反，追认为烈士，在报刊上宣传她的事迹。可是，阻力重重。她既没有获得真正意义上的平反，报刊上介绍她，刚露个头，就被有司卡住，从此无声无息，我们这些"百无一用是书生"者，也只好摇头、叹息。大约是1985年夏天，文友、翻译家薛鸿时先生来看我，谈起1957年他在北大中文系读书时被打成右派，与新闻系的林昭"同年"，并告诉我，由林昭的舅父老作家许觉民先生出面，在苏州灵岩山为林昭立的墓碑，碑后刻有林昭写的一首诗，并说那首诗写得真好。接着，他就吟诵了这首诗："青磷光不灭，夜夜照灵台。留得心魂在，残躯付劫灰。他日红花发，认取血痕斑。媲学嫣红花，从知渲染难。"我听后大吃一惊，说：这是1910年汪精卫参加刺杀清摄政王载沣，被捕后在狱中写的《被逮口占》，虽然林昭未能记住全诗，诗句的次序也有所颠倒，但确实是汪精卫的诗句，是肯定无疑的。不管是林昭偶然记起此诗，随便写在纸上，还是有意"借他人酒杯浇心中块垒"，但把这首诗刻在她的墓碑上，显然不妥。我打开旧的日记本，上面有1962年我在复旦大学读研究生时抄录的《被逮口占》，给老薛看，全诗是："衔石成痴绝，沧波万里愁。孤飞终不倦，羞逐海鸥浮。姹紫嫣红色，从知渲染难。他时好花发，认取血痕斑，慷慨歌燕市，从容作楚囚。引刀成一快，不负少年头。留得心魂在，残躯付劫灰。青磷光不灭，夜夜照燕台。"（雪澄选辑：《精卫诗存》第3页，上海光明书局1933年改订6版）老薛看了我的笔记本后，也大吃一惊，连说："惭愧，我未读过汪精卫的诗集。我一定要将此事转告许觉民先生。"许先生虽然与我同在一个大单位，但素无往来，下文不得而知。但无论怎么说，把汪精卫的诗，误为林昭作，是不妥当的。林昭如地下有知，也肯定不安。鉴于邱隐帆先生的这篇文章，也误将汪精卫的诗，归到林昭名下，因此，特作此小文，说明原委，希望不要再以讹传讹。

（原载《中华读书周报》1998年9月30日）

天涯谁是酒同僚

前几年，有人著文批评"酒文化"的提法，认为酒与文化根本沾不上边，"不能把文化当成筐，什么都朝里装"。在我看来，固然不能将文化的概念任意延伸，如"麻将文化"等等。但是，"酒文化"一词，不但无任何不妥，而且有深入研究，大力提高的必要。

应当看到，世界上没有一个国家的酒文化传统，有我国这样悠久、丰富。如果把中国各个断代的专家请来，写一部高水平的《中国酒史》或《中国酒文化》，一百万字也不过是简本。五千年来，我国酒的生产、消费，与经济、政治、军事、文化的发展，息息相关，史料记载，不绝如缕。有的学者认为，我国汉代就有了药酒，用以治病。明朝大医学家李时珍（1518—1593年）的药学巨著《本草纲目》，记载药酒七十五种，其中的五加皮酒、当归酒、人参酒、蚺蛇酒、虎骨酒、鹿茸酒等，或去风湿、坚筋骨、补中益气，或治诸风痛痹、臂胫疼痛、阳虚痿弱，不知解除了多少病人的痛苦！《水浒传》中的蒙汗药酒，经学者研究，是用曼陀罗花制成的，

70年代，在医学界曾被作为临床麻醉药，为病人施行手术，从而使这古老而又神秘的药酒，重放异彩。

我国古代的先辈，重视酒品，反对劣质酒、假酒。更十分重视酒德，反对以酒虐人，即强灌强饮；对于大声喧哗、沾酒淋漓、发人阴私、纵饮如牛、醉后失态、狼藉满地等丑陋现象，皆斥为"酒之辱"，也就是缺乏酒德的表现。而反观时下，无论是公、私宴席上，这种令人摇头的"酒之辱"，却屡见不鲜。尤为触目惊心的是，有的地方吃喜酒，贺客居然起哄，迫使新郎喝下过量烧酒，当场醉死，酿成悲剧。

"天涯谁是酒同僚？"这是明末杭州诗人沈嵊的感慨，今天读来，仍有现实感。只有重视酒文化的人在一起饮酒，才不会长叹息，叹寂寥。

（原载《中华英才》1999年第14期）

贵在苦相思

最近百花文艺出版社出版了一套"杂谈与漫画丛书"，其中有老漫画家方成的文、画《画外文谈》，读来喜不自胜。方成在"自序"中说："杂文和漫画，两者一文一画，性异而志同，体型又一般大小，怎么看都更像是情人一对。我曾为不少杂文配过漫画，好几位杂文名家出书也要我画漫画作陪，以联袂面世而后快，可见杂文和漫画两者都有相思之苦。"语调幽默，读来令人忍俊不禁。但是，切勿将此误作俏皮话，透过闪烁着睿智火花的背后，方成分明道出了杂文、漫画创作的神髓。

很难设想，一个有成就的漫画家，没有杂文头脑：宇宙之大、苍蝇之微、饮食男女、沧海桑田、政风世风、阿Q团圆……无不在他的视线中，解剖刀下。只是漫画家的解剖刀是辛辣、幽默的漫画，杂文家的解剖刀是辛辣、幽默的短文。唯其如此，某些杰出的漫画家——已故的如丰子恺、叶浅予、张光宇，都是写杂文的好手，或者说文字中洋溢着杂文气息；今人如丁聪、方成、韩羽、黄永厚，也莫不如此。方成的《画外文谈》，收有短文八十篇，我以为大部分都是很好的杂文，《一种公家事》《中国特色的高消费》《活菩萨》《窦尔墩卖瓜》《画上帝》《探雷》《文革的自由》《洋衣炮弹》《武大郎开店》等，一看题目，就让人感到，非杂文高手，怎么能想出这样绝妙的话题？至于优秀杂文家笔下的深邃、幽默，对于方成来说，用一句俗极了的民谚来形容，那就是：鼻涕淌到嘴里——挺顺溜。他在《求财》一文中，列举现实生活、特别是政治文化领域中种种迷信现象后，笔锋一转，写道："现在不知是否还有人相信，没有健全的民主会有健全的法制和有效的民主监督，也能建成社会主义社会。"这难道不是对危害甚大的特种迷信的一针见血之论吗？我想，即使执杂文牛耳的严秀老爷子、牧惠老兄，见此也会击节者再的。至于幽默，方成更是拿手好戏。在《城市美化师》一文中，他开头第一句是："越来越不爱当老头儿了，可又不得不当！"真是一露头，就有彩头。然后写自己因年迈，记性差，出门购物，只得先写在纸条上，上街后，"这张小纸条就会告诉我缺的是什么，是要买的。"可是，他走进商店，常见到处贴着标语，上面写着"文明经商""礼貌待客""百拿不厌"等等，"但是也常见到的却是冰冷如霜的面孔，待理不理的态度。有的商店虽然没贴什么标语，售货员服务态度却比那贴标语的强得多。由此使我联想到我那张购物小纸条，也是缺什么写什么的。"这最后两行字，信手反拨，可用一字评曰：妙！虽然据金庸说，这样的评法，只有"小学生水平"，而在比我年长近二十岁的方成夫子面前，我倒是心甘情愿当小学生的。

幽默、开朗的方成，有没有悲凉、无奈的时候呢？当然也有。譬如，我就听他说过，最近，有人整了他的一份材料，在国内到处散发。这固然无损他的一根毫毛，但他对"文化大革命"结束已二十多年，仍有人念念不忘"四人帮"的看家本领整黑材料，不能不感到悲凉。这还是小焉矣哉，最发人深思的是，广东的老漫画家廖冰兄很久没再画了，说："漫画没用！"方成闻之也喟然叹曰："漫画作为社会评议，一幅画一用再用，对所评问题毫无效果，可见没起作用。"其实，这样的悲凉、无奈，何尝不是杂文家的内心独白？即以不才而论，坦白地说，也常作此叹，更每有好友相劝曰："你就当你的史学家不是蛮好嘛，何必冒风险再去当杂文家？贪官污吏才不看杂文呢！"近日我发表抨击皇帝意识、皇权主义思想残余的杂文《另一种"扫黄"》后，连我们家的老婆子看了都说："你胆子够大的！有啥用？"但是，无论是漫画家，还是杂文家，依然笔耕不辍。何以故？因为他们挚爱祖国、人民，如果用大诗人闻捷的名句"像白云眷恋蓝天，像月光迷恋海洋"来形容漫画家、杂文家的这种深情，是再真切不过的。正是源于对祖国、人民的苦相思一般的爱，才会驱使他们"位卑未敢忘忧国"，对寄生在国家肌体上的大、小毒瘤，对国民性深处的溃疡，反复针砭，痴心不改——尽管前进的道路上有险滩、急流，甚至有地雷，但无论是方成，还是别的同道，又有谁畏缩不前呢？我以为，这正是漫画家、杂文家的人格魅力所在。在一次杂文家的便宴上，著名杂文家邵燕祥兄对我们说："文艺界常常你踩我，我踩你，只有杂文家是互相关照的。"诚哉斯言。当时，丁聪、方成也在座。他们是真正的杂文家（按：当然不包括卖狗悬羊者）的好友，不仅事业上合作，而且久不见面，就会如此"苦相思"的。事实上，杂文家陈四益与丁聪合作已逾十年，人称"黄金搭档"；杂文家舒展的文章，每有方成插图；我与漫画家叶春旸也已愉快地合作了三年。

贵在苦相思！愿漫画家、杂文家这对好兄弟（我相信"左"的年代"难兄难弟"史，断难重演），永远齐头并进。作为后学，我更衷心祝福方成老而弥坚，画出更多的漫画，写出更多的杂文来！

（原载《南腔北调》1999年9、10月号）

戒烟记

十多年前，我在《明清之际吸烟状》这篇文章的末尾，曾经指出："纵观我国文化交流史，没有一种舶来品输入中土后，其传播之快，范围之广，能与烟草匹敌。这真是莫大的不幸！"一般说来，烟草是明朝万历年间（1573—1620）从国外传入中国的，但到了明末，也不过是短短几十年间，居然地无分南北，人无分男女、老幼，有太多的人都手持烟袋，吞云吐雾，并将烟草美其名曰"相思草"。崇祯皇帝继位后，曾予严禁，但毫无成效，烟飘依旧。李自成、张献忠起义后，农民军的革命洪流，不但没有浇灭神州大地上的"烟"火，吸烟的不良嗜好，反而在农民军内部，进一步蔓延开来，出现了不少烟鬼。据《圣教入川记》记载，张献忠杀一官吏，罪名就是吸烟太多。自明而清，自清而民国，自民国而中华人民共和国，直至今日，吸烟者与日俱增，患此特种"相思"病者，大概少说也有两亿人，不能不是个惊人的数字。说来惭愧，我虽然了解吸烟的历史，以及烟草中尼古丁对人体的危害，但仍然当过二十多年的烟民。回想起来，我接触香烟很早，读小学时，正值抗日战争、解放战争时期。我常常参加家乡建湖水乡的土话说的"玩文娱"活动，也就是文艺宣传队，我打过莲湘、凤阳花鼓（词都是新编的），也演过短剧。当时高作镇的薛家滩，有新四军后勤部门的香烟厂，我们每次去演出，烟厂都慰劳我们每人一盒香烟，或一把散装的香烟。我尝试着抽了一根，吸了几口，便觉得如食火吞刀，呛出眼泪，咳嗽不止。当时我颇感纳闷：这样令我难受的东西，何以大人们抽来优哉游哉，似食珍馐百味？岁月如川，不舍昼夜，转眼间就已是1961年冬。当时，我在上海，刚刚成家。人祸、天灾造成的饥馑，像瘟疫一般在全国蔓延开来。食品店货架上的物品越来越少，有的货架上竟空空如也。火柴、肥皂、豆腐、油、肉等，都凭票供应。不久，香烟也凭票供应。一个月中，凭票可买两盒所谓高级的"凤凰"牌香烟，其余只能搭配"飞马"牌和其他杂牌烟，饥饿使人志短。我从居委会领来烟票，不禁心动：这是我的一份待遇啊，倘全部送人，岂不是既对不住国家对我的关爱，也对不起自己吗？于是，抽起烟来。我妻过校元女士对此极力反对，说有百害而无一利。但我不听劝阻，说我只抽好的，不抽差的，每次只抽半支，绝对不会上瘾。但是，不出两个月，我渐渐上瘾。从半支到一支，从一支到数支，不但没有多余的烟票送人，有时还不够。回首往事，现在我倍感沉痛的是：当时我们斗室一间，校元及我们的儿子宇轮晚上入睡后，我读书、写作，吸烟不止，毒化了室内空气，使母子被动吸烟，损害了他们的健康；我的工资先是四十四元五角，后来加到六十元五角，每月吸烟要花去十元左右，对于家庭来说，不能不是沉重的负担。倘不抽烟，将这笔钱用来增加母子俩的营养，岂不甚好？但是，直到1970年冬，校元不幸去世，就抽烟而论，深为她所厌恶，但我却未能"改恶从善"，实在是愧对亡妻了。

"四人帮"被粉碎后，我与知识界众多在十年浩劫中被剥夺了研究、写作的权利者一样，赶紧夜以继日地读书、写作，力争将失去的锦绣年华补回来。《论八旗子弟》这篇发表后很有社会影响的学术论文，就是我熬了一个通宵写出来的，右手执笔，左手拿烟，一根接一根，差不多抽掉了两包烟。自60年代我吸烟后，支气管炎越来越重，一到冬天，更常常咳嗽不止。1979年春天，我在参加隆重的纪念五四运动六十周年学术讨论会后，随与会代表登长城，爬上烽火台后，塞外的寒风扑面而来，支气管炎顿时发作，几乎气都喘不过来。挣扎着下山，服了不少药，调理了好多天，才渐渐康复。吸烟对我健康的戕害，于此不难想见。

在60年代到80年代，我难道就没有想到过戒烟吗？不，不仅想到，而且付诸行动，起码戒过三次烟。少则一星期，多则一个月，甚至将近半年；喝过戒烟茶，吃过戒烟糖，及瓜子、糖果之类的代用品，但终未奏效。而且戒了较长时间后，又抽上，"复辟更猖狂"，抽得更多。有位烟友嘲笑我说："你能把烟戒了，除非狗不吃屎！"听后哭笑不得，我不禁暗暗问自己：难道我真的"他生未卜此生休"，抽烟一直抽到"呜呼哀哉，尚飨"吗？

然而，曾几何时，狗虽然仍在吃屎，我却把烟戒了！而且非常彻底。倘说客观原因，自然有一些。

1984年春天，我去江南查书，顺道至沪探望"文化大革命"中的难友、老学长杨廷福教授。他身患肺癌，在医院的病榻上难于呼吸，拉着我的手，哭着说："王兄，我们不是一般朋友，是患难之交啊，你看我在这里苟延残喘……"我听罢泪如雨下，失声痛哭起来。我从江南返京不久，廷福兄——这位著名的唐律、玄奘专家，就与世长辞了。他的肺癌，肯定与他被打成右派后，减了工资，只好长期吸"生产"牌那样的劣质烟有关。每当夜深人静，我常常想起廷福兄与我诀别时的情景。人生自古谁无死？但像他那样在学术上正丽日中天时死去，而且死得那样痛苦，不能不使我悚然而惧。

1985年底，我因心脏不适，住院治疗，医生微笑着对我说："你看你还要抽烟吗？"我顿有所悟，当即掏出袋中的香烟，交给儿子宇轮，从此结束了我的抽烟史。出院后，我谢绝任何人向我敬烟，两个月后，我就十分讨厌烟味了。回顾往日近二十四年的抽烟、戒烟史，自己不觉哑然失笑。什么

"抽惯了，不抽烟写不出文章"，纯属废话，我戒烟后，不是文章照写、书照出吗？年年冬天折腾我的支气管炎，更是不治而愈。"丈夫志，当景盛，耻疏闲。"一个男子汉，倘有一点大丈夫气概，没有戒不了烟的。"老子再也不抽了！"当时我就是这么想的。什么戒烟糖、戒烟茶，在我看来，全是瞎掰。

常言道：读史明志。我希望瘾君子们读了不才的这篇吸烟、戒烟小史，能够像我十四年前那样，痛下决心，告别抽烟，不再害特种"相思病"，并能在彻底戒掉烟瘾后，跟我一样自豪地说："瞧，狗还在吃屎，咱可是把烟戒成了。"不亦快哉！您说呢？

（原载香港《大公报》1999年11月22日）

凉风起天末

　　画家黄永厚教授，乃性情中人也。不久前，我接到他的来函，拆开一看，不禁大笑。他用毛笔画了一幅漫画，标题是"给你乔老爷子感觉"。但见张惠妹小姐长发飞动，如一只蝴蝶从远方飞至，正引吭高歌，长发之下，歌词作者乔老爷羽先生正聚精会神捉蝴蝶，似乎一边捉，一边正在"思念"……永厚在画的左下角有两行跋文曰："四益兄赞成于光远先生搞这个歌词竞赛，画此以志。"四益者，作家陈四

益先生也。我之所以大笑，是永厚竟让张惠妹给乔老爷一点感觉，真乃匪夷所思；画面上张惠妹"妹气"膨胀，大有充塞天地间之势，乔老爷虽仅是一个小老头的背影，仍颇神似。我与乔羽同住六庄小区，常常在邮局碰到，聊天颇投机，偶有事需函札，我们便将信置于邮局工作人员处，他们认识我俩，会及时转交，得此额外便捷，幸何如也。我觉得此画甚邪，便转交给乔老爷。第二天我再去邮局，便接到他用毛笔写的短札曰："永厚先生大作颇具神采，惟不易看得明白，恐与位置经营有关。近日将赴长清一行，几天就能回来，无须'太久太久'也。"文学艺术作品创作的目的，就是要给人以某种感觉的。乔老爷对永厚的画既有这样的感觉，我理应把他的感觉让永厚感觉一下。遂将乔老爷的信转寄永厚处。没想到永厚很快便重画了一张《乔羽扑蝶图》（按：画名乃我所起）并有一大段题识，文字与画，皆妙不可言。我乃"无事忙"者，赶紧又将此画转给乔羽，隔日便又得到了他新的感觉，盛赞画与题识俱甚佳，"惟不可解者，黄大师向未谋面，此画神情毕肖，何其相似乃尔！"这里，我不能不佩服永厚老兄的记忆力，他仅在中央电视台的屏幕上，见过乔羽，居然随手画来，竟让乔老爷赞赏莫名。足见我读了这幅《扑蝶图》后"文字与画，皆妙不可言"的感觉，决没有误将绣床腿作佳人腿——感觉错了。

对此画的形象，当事人乔老爷已有定评，无须我再饶

舌，至于永厚的这段题识，我觉得仍有话说，不妨再扯几句，以凑热闹。"爷们就是九斤，爷们不抱小女子粗腿！"四益的严正声明，令我肃然起敬。在日常生活中，发表诸如此类声明者，又何其多也，但真道学又有几人哉？几乎踏破铁鞋无觅处。聊举一例：某日我在某宾馆浴室洗澡后，请扬州师傅搓背，只见某领导穿着短浴衣，正向按摩包间走去，料想不是去"抱小女子粗腿"，就是接受小女子"摸鱼儿"（按：词牌名）或"十八摸"（按：旧时市井小调名），反正不是去"三讲"，或去宣讲"五讲四美三热爱"，这是可以断言的。妙的是，这位领导正走着，忽然手机响，他一边走一边说："宴会刚结束。我正送一位负责同志回家呐！"不知电话是否是其夫人打来的？这位领导的扯淡，堪称出口成章。

"送负责同志"云云大奇,那"二头领"能负什么责?倘说按摩室就是他的第二个家,借用一句歌词来形容,他倒确实是"常回家看看"的,惜乎有精神无文明,与他白天的有文明无精神,判若两人。有一次我跟四益说起洗头房,他正色道:"我从来不去这种地方!"洗头房都不去,况桑拿、歌厅乎?可见当今之世,十分留神后,偶尔还能碰上个把真道学,似当以国宝视之,待遇参照大熊猫可也。

我对张惠妹实在不敢恭维。每晚收看中央电视台的节目,广告里便传出她的声音:"给我、给我真的感觉!"她当然不希望别人给她坏的感觉,而是给她最美妙的感觉。在我老人家看来,人世间最美好的感觉,无论是月下睡莲怒放,松下传出箫声,还是秋虫呢哝,夫妇敦伦,都是和谐的自然产物,"此时无声胜有声"。指望他人白给你世间最美好的感觉,无异于指望天上掉下馅饼来。而据我的一位朋友计算,倘若天上真的从一千米高空掉下一只一斤重馅饼,以零点零零一秒速度击中等馅饼吃的张口者,击中时因加速度所产生的重量,达七百零七公斤!好不吓煞人也!我已年过花甲,从来没有碰到过白送来的美好感觉,纵然有,又岂敢如天上掉下的馅饼,"吃不了兜着走"?更何况绝对兜不动也。乔老爷、永厚兄已届古稀,比我资格老多了,不知是否曾有人主动给这两位老哥送特别感觉上门,他们的感觉又如何?走笔至此,想起一则送感觉上门的真实故事:江南某女画家，才貌俱佳，十分仰慕大画家（按：不才读大学时，曾见过这两位前辈现场作画），便主动登门给大画家送感觉。不想此老竟在日记中写道："某日，×××送×上门。""文化大革命"中此老被抄家，红卫兵读其日记，至此，勃然大怒云云。由此可知，"给我、给我"或"给你、给你"式的感觉，未必是好感觉，甚至会招来麻烦，触上霉头，亦未可知。正是送感觉上门，不是想钱，就是想人，此乃老朽管见也，供子参考。

永厚形容张惠妹的歌迷"冒高温，'爷娘妻子走相送'（按：杜甫《兵车行》中句），给她去送感觉"，真是活灵活现。面对这些如痴若狂的歌迷所掀起的阵阵热浪，我的这些看法，无异是泼冷水，或刮凉风。"凉风起天末，君子意如何？"（按：杜甫怀李白诗句）也就是说不知读者诸君感觉如何？仔细品赏永厚先生的这幅画与题识吧，您也许会找到不错的感觉的。

　　1999年11月24日，写于因苦于高血压症，感觉不佳时

《永乐大典》正本殉葬说溯源

　　今夏虽酷热，但赶不上媒体炒作的文化热——电视里是小燕子搞鬼，报纸上是侃《永乐大典》。

　　不错，中国社科院文研所栾贵明研究员出版了一部一千五百多页的厚书《永乐大典索引》，这为学术界翻检《永乐大典》，提供了方便，自然是一件功在学林的好事。但是，读了该书洋洋洒洒的长序《〈永乐大典〉之谜》，却让人实在不敢恭维。无论是材料，还是观点，从总体上看，并无新意。早在20年代，著名学者袁同礼先生即在《学衡》杂志第26期刊出《永乐大典考》，并在《北平图书馆刊》七卷一期刊出《永乐大典现存卷目表》，启近人研究《永乐大典》之先河。其后，著名历史学家陈登原教授在1932年秋完成名著《古今典籍聚散考》（1936年由商务印书馆出版）。该书第十章《外患与永乐大典之最后散亡》，长达二十五页，逾万字，在袁同礼等学者的研究基础上，广征博引，将《永乐大典》从编纂到正本亡佚、副本散失的过程，条分缕析，一目了然；遂后，他又在所著《国史旧闻》第三分册（中华书局1980年出版）中，单辟《永乐大典》一卷，补充新的材料，引用史料二十余种，比《外患与永乐大典之最后散亡》，增色不少。及至1986年，中华书局出版了该局资深编辑张忱石编审的《永乐大典史话》，逾十万宇，正文二万言，余为附录《〈永乐大典〉中辑出的佚书目》《现存〈永乐大典〉卷目表》。此书简明扼要地概括了前人研究《永乐大典》的成果，以及作者的研究心得。文字浅显，功力深厚，是研究或阅读《永乐大典》的入门书。《永乐大典索引》千元一部，一般读者难以问津。好在该书的序文即《〈永乐大典〉之谜》，经栾贵明先生压缩整理后，已由《文汇读书周报》于1999年7月3日用一半版面刊出。将栾文与陈登原文、张忱石文对照，便不难发现，被当作重大文化新闻披露的栾贵明研究《永乐大典》如何筚路蓝缕、独辟蹊径云云，真乃岂有此理！应当说，这是旧闻，而非新闻。更令人吃惊的是，栾先生在文中提出《永乐大典》正本"没有毁亡，更没有佚失"，而是可能"做了嘉靖帝的陪葬物"，亦即埋于永陵玄宫。对于这一观点，媒体当作爆炸性的新闻报道、渲染，在十三陵召开的研讨会上，立刻有人喝彩、捧场。但是且慢！姑且不论这种殉葬说有多少科学性，老实说，本人就不敢置信，正撰专文，应邀将在《寻根》杂志发表。不过，提出殉葬说，毕竟不失为一种《永乐大典》正本下落的新假设，有助于活跃学者的思考。问题在于，这种假设的首创者，真的是栾贵明吗？非也！早在1986年，张忱石即撰《永乐大典正本之谜》一文，刊于中华书局出版的《书品》第2期，引起一些期刊编者的兴趣，他将此文作了补充修改后，又先后刊于《历史大观园》1987年第2期，《百科知识》1988年6月号，并为《新华文摘》杂志转载（按：由于《新华文摘》编者的粗心，误将张忱石排为张忱召）。这些杂志并非珍本秘籍，乃学人的常见读物。现在笔者依据手头的《百科知识》1988年6月号，将张忱石关于《永乐大典》正本之谜的主要论点，节抄于下："归纳起来，正本下落大体上存在五种说法。首先，毁于清乾清宫大火……其次，毁于明亡之际……第三，毁于明万历宫中火灾说……第四，藏皇史宬夹墙说（按：这是王仲荦教授私下与张忱石先生聊天时提出的看法，张在此文中，首次予以披露）……第五，殉葬说。《永乐大典》修于明代，而明代帝王阅读《大典》者，仅孝宗、世宗二人而已……更为喜爱《永乐大典》的还是明世宗，他'几案间每有一二帙在焉'，'按韵索览'……嘉靖三十六年宫中大火，他一夜下三四道命令抢救《大典》；之后他又决定'重录一部'……由于明世宗对《永乐大典》'殊宝爱之'，笔者认为极有可能正本为其殉葬于永陵。（按：着重号系笔者所加）……安葬世宗在《大典》重录完成之前，在时间上存在矛盾……依笔者之见，重录工作在嘉靖四十五年至隆庆元年三月之间就可能完成了。由于世宗之死，有许多重要的事要做……直至这些急务处置妥当后，才下达嘉奖令（按：指嘉奖重录《大典》的有功人员徐阶、张居正等人），这是情理之中的事……从永陵的建筑规模，也存在殉葬《大典》正本的可能……正本如能发现，那将是轰动世界文化学术界的奇迹。"读了这段白纸黑字，我们立刻就会明白：创《永乐大典》正本殉葬说的是张忱石，而非栾贵明。令人吃惊的是，栾先生在《〈永乐大典〉之谜》文中，煞有介事地称"吾之畏友张忱石先生"云云，引用他在《永乐大典史话》中驳诘《永乐大典》正本毁于明清之际说、"送归"南京说。但是，对于关键的殉葬说，为什么却只字不提是由张忱石先生首创，而归到自己名下呢？这样的行为方式，该如何定位？

栾贵明先生在发表《〈永乐大典〉之谜》长文的同时，记者采访他的谈话，也在同一个版面刊出，说："这篇长文，是经钱锺书先生杨绛先生反复指导和一再删改之后，才得以完成的。"真相究竟如何，笔者是局外人，不便悬猜。但是，钱、杨二老，学问再大，毕竟一不是明史专家，二不是《永乐大典》专家，他们显然是不能对这篇长文中存在的学风问题负责的。据一位知情者透露，钱老生前在一封致友人书中曾尖锐批评一位名声很大，却学风粗疏的学者是"无米而炊，无哀而嚎，真才子也"。这种当头棒喝，难道不值得某些学人引以为戒，深长思之么？

（原载《北京观察》1999年第11期）

愿续师梦

在这世纪之交，恐怕人人有太多的梦。忝为史学家、作家之列，也许我的梦比别人更多。譬如，今春我去无锡太湖之滨为亡妻过校元女士扫墓，顺道参拜了马山顶天立地的巨佛后，忽然悟出下个世纪应当"跳出如来佛的手掌心"！返京后，兴高采烈地用毛笔书于宣纸，贴在壁上，洋洋自得。不料友人来访，见之，讥我迂阔不切实际，说孙大圣都跳不出，况我辈凡夫俗子乎？我不禁黯然。呜呼，谁解其中味？由此悟出，做梦与其梦阳春白雪，还不如梦下里巴人，此即曲高和寡之谓也。

走笔至此，忽然想起我在复旦大学历史系求学期间的先师周谷城教授，1933年1月，应《东方杂志》之邀，给"梦想的中国"专栏，写篇短文。他只写了这寥寥数语："我梦想中的未来中国首要之件便是：人人能有机会坐在抽水马桶上大便。我梦想着：此后我真能不再作什么梦想了。"这几句话，貌似戏言，实际上涵义深刻。试想，倘国人能人人坐上抽水马桶，中国将是何等的经济发达，文明昌盛！物换星移，转眼间六十六年过去了。中国发生了巨大变化，尤其是改革开放以来，更是日新月异。但是，我们仍然属于经济不发达的第三世界，别说尚有几千万人尚未解决温饱的农村，即使上海、苏州、北京等繁华都会，仍有很多人家坐木制马桶、蹲旧式坑厕，与抽水马桶无缘。因此，面对下一世纪，我愿续师梦：家家有抽水马桶！

1999年12月6日于老牛堂

诗·画配

京西某店

这家书店胡折腾，

大半改作火锅城，

秦皇有知当有悟：

原来毁书不用焚！

（原载《湖北日报》1996年11月9日）

如此岗亭

岗亭变成小卖部，
摆满油盐茶酱醋。
梁上君子心窃喜，
今夜放心来光顾。

（原载《北京日报》1996年9月29日）

《行香子·嘲淡酒》

浙右华亭,物价廉平,一道会买个三升。打开瓶后,滑辣光磬,教君霎时饮,霎时醉,霎时醒。

听得渊明,说与刘伶:这一瓶约送三斤,君还不信,把秤来称,有一斤酒,一斤水,一斤瓶。

——南宋·陈世崇:《随隐漫录》卷二

评曰：南宋卖酒之捣鬼者，竟往酒中掺了这样多的水！但饮此酒，也不过如鲁智深先生所说，"口水淡出鸟来"罢了。今日之制假酒者，动辄以工业用酒精兑水，卖予顾客，饮后非盲即一命呜呼。可见数歹毒奸商，还看今朝，令人扼腕！

（原载《北京日报》1997年4月5日）

失鸡

吾家住在碧峦山，

养得雄鸡作凤看。

却被狐狸来啮去，

恨无良犬可追还。

甜株树下毛犹湿，

苦竹丛头血未干。

本欲将情陈上帝，

题诗先告社公坛。

　　——见明·董谷：《碧里杂存》卷下，此诗
作者是吴与弼（康斋）

评曰：吴康斋先生家甚贫，却未下海经商（按：明朝文人下海者不少），寒斋苦读，也许想当"国学大师"？"养得雄鸡作凤看"，令人同情。偷此鸡者，非骚狐狸，乃欲诗文扫地之贪狐狸也，可恶之至。

（原载《北京日报》1997年4月28日）

薄匕

薄薄匕来如纸同，
轻轻装来无二重。
主人爱客兴正浓，
玉箸挑开盆底松。
松间忽然起秋风，
飘飘吹入九霄中。
疾忙使人追其踪，
已过巫山十二峰。

——清·王有光：《吴下谚联》卷三

评曰：此古风一首，不知何人作，诗名乃笔者加。此匕非匕首，乃饭勺也。用这样浅的饭勺装菜待客，何其吝啬也！此诗曲尽形容，堪称绝妙之讽刺诗。相信当今之世，不会再有如此不知寒碜者。

（原载《生活时报》1997年9月17日）

恶狗

（呆骨朵）老夫有件事向君王陈奏，只说那权豪每是俺敌头。（范学士云）那权豪的，老相公待要怎么？（正末唱）他便似世家的强贼，俺便似看家的恶狗。他待要些钱和物，怎当的这狗儿紧追逐。只愿俺今日死，明日亡，惯的他千自在，百自由。

——元·无名氏：《包待制陈州粜米杂剧》

评曰：这里，家喻户晓的清官包拯，在向贪赃枉法的权豪宣战：你胆敢榨取百姓钱财，我就像"看家的恶狗"，对你"紧追逐"，决不放过。善哉！这样的"恶狗"而今安在哉？

（原载《生活日报》1997年9月17日）

"只思除却蛀心虫"

此禽不与众禽同，

头戴朱冠一点红。

嘴似铁钉钉铁木，

爪如铜钻钻铜桐。

朝飞南浦云烟外，

夜宿西山风露中。

非是远来求食啄，

只思除却蛀心虫。

——明·佚名编：《挑灯集异》卷七

评曰：古今咏啄木鸟诗多矣，宋人魏野有诗曰："爪利嘴还刚，残阳啄更忙。千林蠹如尽，一腹馁何妨……岂能同燕雀，惟解占高梁。"歌颂了啄木鸟乐在林间除蠹虫不止的献身精神，使梁间燕雀黯然失色。而宋人此诗的"非是远来求食啄，只思除却蛀心虫"句，更是字字千钧力。安得啄木千千万，除尽人间蛀心虫，不亦快哉！

（原载《生活时报》1997年11月26日）

陷饼

这"陷饼"之"陷"并非错字,乃陷阱中饼之谓也。时下骗子不少,动辄诱你以"甜饼"之类,倘不察,贸然尝之,则掉下陷阱,悔之莫及。笔者仅在建国门外大街,即数遇此辈。或出示一表,声称系哈尔滨秋林商场大火时流落社会之瑞士金表,价值三万元,现因急需用钱,愿以五千元贱价售出;或出示一旧金表,说乃沙皇赐给某公爵之物,此公爵后沦为白俄,流亡哈尔滨,去世后,被家属拍卖,为先父购得珍藏,现愿拱手相让,凑钱供儿子自费去美国留学云云。诸如此类,天花乱坠,炫人耳目。不过,此辈碰到俺毛三爷,也是他们晦气,不才总是掷出这句话:"我正在研究中外骗子史,什么花招没见过?你们想蒙我,资格还嫩点儿!"闻此,彼等均翻翻白眼而去。

近日在街头,每见有招聘广告曰:"我公司为您提供一个很好的机会,为创业者提供一条光明之路,不要再等待,也不要为已有的高收入而放弃良机。每月三万,一般在两千以上。"无联系地址,仅有BP机号码。笔者注意到,有时不

出百米，此招聘启事内容一样，BP机号码则有变，显系同一伙人所为。有一女士家住本城，用电话与招聘者联系，结果被约至东城某大饭店见面，说："你先请我吃饭，我们边吃边谈。"骗子马脚，立刻露出。不才曾指出：天上不会掉下馅饼，真的掉下您也吃不消。同样的道理，地上也不会蹦出馅饼，如有，下必陷阱，不可不防。正是：

　　"世路崎岖难走马，
　　人情反复易亡羊。"*
　　陷阱之饼随处见，
　　劝君明觉切勿尝。

*冯其庸赠金庸诗句。

（原载《生活时报》1998年1月27日）

王婆水平

　　此谓王婆水平，乃指《水浒传》中王婆把零说成一千，把一说成一万的评论水平。区区潘金莲，虽有几分姿色，伶牙俐齿，公然宣称自己是"不戴头巾的男子汉，叮叮当当响的婆娘！拳头上立得人，胳膊上走得马，人面上行的人"！倘有谁吃饱了撑的编《历代骚婆娘语录》，潘女士的此番宏论，肯定可以入选。但是，她毕竟出身贫寒，原在大户人家当使女，一字不识。而拉皮条的王婆向西门庆介绍潘金莲时，竟说道："好个精细的娘子！不惟做得好针黹，诸子百家皆通。"好个"诸子百家皆通"！潘金莲俨然是博学多才之才女矣。如此肉麻之捧场话，出自油嘴滑舌王婆之口，自然也是无足称奇；她乃市井刁婆，原本上不得台盘。但反观时下某些图书评论，少数评论者尽管有学者或正人君子身份，但其实又比王婆强多少？什么"学贯中西""有七百万字专著""站在学科最前沿""代表当代社会科学最新水平""精通文、史、哲、经"……其实，牛头不对马嘴，根本名不符实。这是部分学人庸俗化、评论低贱化的表现，为正派学

者、严肃学子所不齿。奉劝此辈一句: 总不能把自己降低到王婆水平吧! 正是:

> 评论岂能乱雌黄?
> 任意拔高太荒唐。
> 白纸黑字千古事,
> 千万莫学王干娘!

（原载《生活时报》1998年2月18日）

晦日送穷三首

年年到此日，沥酒拜街中。
万户千门看，无人不送穷。

送穷穷不去，相泥欲何为。
今日官家宅，淹留又几时。

古人皆恨别，此别恨消魂。
只是空相送，年年不出门。
————《全唐诗》卷四九八《姚合诗集三》

评曰：电视连续剧《编辑部的故事》中有曰：钱不是万能的，但没钱是万万不能的。这句话现已成为时下不少人的口头禅。在古代，人们当然也深感无钱的苦恼，在一些地方，岁末年初，有送穷、迎富的仪式，大文学家韩愈还写过著名的《送穷文》，希望世界上最不受欢迎的鬼——穷鬼"驾尘驭风，与电争光"，滚得越快越远越好。但是，长江

流，黄河流，迎富富不来，送穷穷不走。姚合的诗，正是写出了这种历史性的悲哀与无奈。抚今追昔，不难看出：改革开放以来，我们的国家、民族，在致富道路上，堪称是超越千年，不亦伟哉！

（原载《生活时报》1998年2月26日）

老虎报告

　　陈希同大权在握时，曾多次作反腐败报告，其中有一次曾煞有介事地宣称："要把反腐败进行到底，不管是哪一级出问题，都一定要追查到底！"倘谁相信此话，岂非呆鸟？其实，明明自己是贪赃枉法之老虎，每每还作"打老虎"（按：此乃50年代初"三反五反"运动时之叫法，即清查贪污犯）之报告，所谓虎称抓虎，与贼喊捉贼，如出一辙也。正是：

老虎作报告，

豺狼抿嘴笑。

黑猫警长来，

老鼠戴手铐。

（原载《中国改革报》1998年5月27日）

富阳民谣

　　富阳江之鱼,富阳山之茶。鱼肥卖我子,茶香破
我家。采茶妇,捕鱼夫,官府拷掠无完肤。昊天胡不
仁,此地亦何辜。鱼胡不生别县,茶胡不生别都。富
阳山,何日摧!富阳江,何日枯!山摧茶亦死,江枯鱼
始无。山难摧,江难枯,我民不可苏!

　　　　　　　　——明·韩邦奇:《苑洛集》第十卷

此诗很出名，曾被不少学人误作《富春谣》，以为是民歌。其实是正德初年担任浙江按察佥事，分巡杭、严二府的韩邦奇所作。富阳县产茶与鲥鱼，镇守太监王堂之流百般压榨，民怨沸腾，韩邦奇愤而作此诗，后因此惨遭迫害。前年春天，我游富阳，深为美如梦境的山水及饮后口角留香的绿茶所陶醉。遥想四百多年前富阳人民苦难状，及韩公邦奇的为民请命，不胜感慨。值得注意的是，时下某些地方贪风大炽，"城中虎"需索百端，农民所交杂税，竟高达几十种。此辈欲步王堂后尘乎？须知，前面即是万丈坑也！

（原载《中国改革报》1998年6月3日）

健忘

　　昔有一妇，患健忘症。至竹林出恭，甫拉出半节，微感不适，即站起，回头见泻物，竟勃然大怒，曰："妈的，谁拉的狗屎！"此生理健忘症患者所闹笑话，实亦无可奈何事，令人同情。而环顾世间，非生理健忘症患者迭相出现，委实令人心忧。聊举二例：1958年的全民大炼钢铁运动，是"左"的浮夸风的产物，无数小高炉所炼出之物，乃废铁渣一堆而已，劳民伤财，莫此为甚。不料此等席卷神州之闹剧，近年来又在东北某省重新上演了一次。据《法制日报》载，该省

竟又大搞小高炉炼钢，借以增加钢产量。虽动机不错，效果只能是重蹈三十多年前之覆辙，白白浪费大量人力物力。1958年去今未远，某些人非生理健忘之速度，亦何快也！

例二：湖北咸宁，"文革"中文化部曾在此办"五七干校"，冰心、张光年、陈白尘等众多文化名人，曾来此变相劳改。近几年来，咸宁地委开发当年"五七干校"的文化资源，采访名人，忆、思过去，展望未来，重在总结历史教训，毋忘十年浩劫中知识分子——尤为其中之杰出人士所受磨难，这对教育世人、警策后辈，均甚有益。岂料居然有人对此大肆挞伐，讥为"还有什么不能卖"？呜呼，难道要咸宁人把"文化大革命"忘得一干二净才好不成？若然，岂非又患健忘症耶？正是：

经济大潮滚滚来，

商海有胜亦有败。

世间诸物皆可售，

惟有健忘不能卖！

（原载《生活时报》1998年7月11日）

子夜歌

绣佛费千缕，

铸佛费千金。

千缕绣佛面，

千金铸佛心。

——清末·谢章铤：《围炉琐忆》引《偶得竹声集》

评曰：世人绣佛者多，铸佛者少。而绣佛虽多，却无心，岂能保佑芸芸众生？佛爷肯定不会给仅作表面文章者，发放去西天极乐世界的护照。谓予不信，去问我佛如来如何？

（原载《生活时报》1998年12月20日）

羊颂

六合之内，有一羊羔。

行将授首，逃之夭夭。

贵妇相救，免遭屠刀。

善哉此羊，智商甚高。

群羊翘楚，独领风骚！

——王春瑜：《老牛堂随笔·逃命之羊》

评曰: 据清人徐乃秋《风月谈余录》卷二载: 清末北京果子巷有人以宰羊为业。某日, 有一羊将缚, 忽逃去, 长驱保安寺著名文人李慈铭府上, 直入内堂, 跪于李夫人前, 乞哀不起。遂获救。动物世界, 谜底太多, 需要人们科学解释之。有感于此, 笔者活剥郭沫若《猪颂》, 作此颂, 希望将来能作为附录, 载入选家所编《猪狗颂》之类诗选, 尚望君子垂鉴焉。

（原载《生活时报》1997年12月27日）

十不足

逐日奔忙只为饥，才得有食又思衣。置下绫罗身上穿，抬头又嫌房屋低。盖下高楼并大厦，床前缺少美貌妻。娇妻美妾都娶下，又虑出门没马骑。将钱买下高头马，马前马后少跟随。家人招下十数个，有钱没势被人欺。一铨铨到知县位，又说官小势位卑。一攀攀到阁老位，每日思想要登基。一日南面坐天下，又想神仙下象棋。洞宾与他把棋下，又问哪是上天梯？上天梯子未做下，阎王发牌鬼来催。若非此人大限到，上到天上还嫌低！

——明·朱载堉：《醒世词》

评曰：这首绝妙好词简直就是一面照妖镜，使古往今来的野心家、大贪污犯之流，原形毕露。这伙人胃口似无底洞，永远填不满，"上到天上还嫌低"。两百多年来的和珅、袁世凯、林彪、江青辈，皆"今古何殊貉一丘"也。

（原载《生活时报》1997年12月30日）

跋

　　我用《续封神》这篇短文作为这本杂文、随笔集的书名，并代序。从政治文化角度来看，回顾我国的两千年史，在相当程度上说，就是一部造神或封神史。"文化大革命"去今未远，把个人神化的恶果，我们更是记忆犹新。古典小说《封神演义》很好看，但在现实生活中，无论是大神还是小神，都很丑陋，有悖于时代潮流。可以说：消除封神阴影日，方是中华腾飞时！

　　三年多来，我用真名及笔名金生叹、毛三爷先后在北京、上海、湖北等报刊上办过专栏，以《文汇读书周报》《中华英才》的《新世说》《老牛堂随笔》时间最久，现在仍未住笔。有些读者猜测金生叹是何满子，毛三爷是湘潭人。岂敢！他们现在终于知晓真相，失望吗？

王春瑜

1999年12月15日于老牛堂